W0176748

WESTEND

CLAUDIA ROTH
FETSUM SEBHAT

So geht Deutschland

Eine Anstiftung zum Mitmachen und Einmischen

Unter Mitarbeit von Oliver Domzalski

WESTEND

Der Abdruck von Rio Reisers Songtext »Mein Name ist Mensch« erfolgt mit freundlicher Genehmigung von Gert C. Möbius. © Gert C. Möbius.

Die Deutsche Nationalbibliothek verzeichnet diese Publikation in der Deutschen Nationalbibliografie; detaillierte bibliografische Daten sind im Internet über http://dnb.d-nb.de abrufbar.

Das Werk einschließlich aller seiner Teile ist urheberrechtlich geschützt. Jede Verwertung ist ohne Zustimmung des Verlags unzulässig. Das gilt insbesondere für Vervielfältigungen, Übersetzungen, Mikroverfilmungen und die Einspeicherung und Verarbeitung in elektronischen Systemen.

ISBN 978-3-86489-147-2
© Westend Verlag GmbH, Frankfurt/Main 2016
Redaktion: Oliver Domzalski (www.lektorat-domzalski.de)
Redaktionelle Mitarbeit: Joachim Gros
Umschlagfoto: Andree Kaiser
Satz: Publikations Atelier, Dreieich
Druck und Bindung: CPI – Clausen & Bosse, Leck
Printed in Germany

Inhalt

Der Planet Erde wird uns allen gehören.

(Ton Steine Scherben)

Zur Entstehung dieses Buches

Vor 30 Jahren wäre wohl niemand auf die Idee gekommen, eine linke, feministische Grüne sei die richtige Autorin für ein Buch mit dem Titel »So geht Deutschland« – hätte Claudia Roth damals ein Buch über Deutschland geschrieben, hätte es wohl eher geheißen »So geht es nicht!«. Und man hätte damals wohl auch keinen Musiker mit Einwanderungsgeschichte wie Fetsum Sebhat als Co-Autor gewählt.

Seither haben Deutschland und die Welt sich verändert. Deutschland ist offener, bunter, weiblicher, mitfühlender und umweltbewusster geworden. Und es kamen laufend neue Bürger hinzu, in deren Heimatländern die bürgerlichen Freiheitsrechte keineswegs selbstverständlich waren – und die deshalb die Demokratie hierzulande zu schätzen wussten und wissen.

So hat sich zum kritischen Blick eine grundsätzliche Wertschätzung dieses neuen Deutschlands gesellt, ein Stolz auf die erreichten Veränderungen – und zugleich ein Gefühl für ihre Gefährdung. Angriffe auf die liberale Idee von Deutschland, Kritik am System und die Fundamentalablehnung der »freiheitlich-demokratischen Grundordnung« kommen mittlerweile vor allem von rechts. Gleichzeitig ist die Welt instabiler geworden, Verunsicherung und Furcht nehmen zu und vieles einst für selbstverständlich Gehaltene scheint auf wackligen Beinen zu stehen.

Was also macht Deutschland 2016 aus? Wie blicken Claudia Roth und Fetsum Sebhat auf dieses, auf ihr Land? Wie stehen sie zu Europa? Was bedeutet für sie Heimat? Wer gehört aus ihrer Sicht dazu? Was hält unsere Gesellschaft zusammen? Was sollte verändert werden – und was müssen wir unbedingt verteidigen?

In diesem Buch tauschen die schwäbische Grüne und der eritreischstämmige Schwabe, die Frau und der Mann, die Berufspolitikerin und der Bürger, die ehemalige Band-Managerin und der Musiker ihre Standpunkte zu grundsätzlichen Fragen aus, vor denen unser Land steht – stets geprägt durch die eigenen biographischen Erfahrungen.

Ergänzt werden ihre Statements durch vom Verlag zusammengestellte Informationen und Fakten sowie Anregungen zum Einmischen und Mitmachen. Denn:»Natürlich ist es schwer, wenn einige wenige die Arbeit von vielen tun müssen. Aber wenn alle mit anpacken, ist es erstaunlicherweise immer viel, viel einfacher.« (Fetsum Sebhat)

Die Gespräche zwischen Claudia Roth und Fetsum Sebhat, die diesem Buch zugrunde liegen, fanden im September und Oktober 2016 in Berlin statt.

Markus J. Karsten
(Verleger)

1
Der Weg nach Deutschland

CLAUDIA ROTH:

Fetsum, 1980 hast du als Sohn eritreischer Freiheitskämpfer, also als Flüchtlingskind, in Rom gelebt. Und ich war damals Mitte 20 und wurde wegen meiner Oppositionshaltung gegen die CSU in Bayern, gegen Atomkraft und Nachrüstung und wegen meines Feminismus zum Teil wie ein Staatsfeind behandelt. Wir gehörten also beide auf gewisse, wenn auch unterschiedliche Weise nicht dazu. Was ist seither passiert?

FETSUM SEBHAT:

Ganz schön viel. Du bist stellvertretende Bundestagspräsidentin und repräsentierst unsere Demokratie im In- und Ausland. Und mir wurde der Verdienstorden des Landes Berlin verliehen, weil ich ein Benefizfestival für Kinder im Krieg und auf der Flucht initiiert und mitorganisiert habe. Mich interessiert, wie das aussah, unser beider Weg in die Mitte der deutschen Gesellschaft. Woher sind wir gekommen und wie haben wir und das Land uns entwickelt?

CLAUDIA ROTH:

Ja, wie ist das gelaufen, dass wir nun ganz dazugehören? Was hat sich verändert? Wir, das Land, oder beide?

FETSUM SEBHAT:

Wahrscheinlich beide. Übrigens haben wir eine Gemeinsamkeit in unseren Biographien, obwohl uns ja viel unterscheidet, wir verschiedenen Geschlechtern und Generationen angehören und ganz verschiedene Familiengeschichten haben. Aber die Musik hat für uns beide eine ganz wichtige Rolle gespielt, oder?

CLAUDIA ROTH:

Ja, Musik spielte von Anbeginn eine riesengroße Rolle. Mein Großvater war Kirchenmusiker, und es heißt, dass ich immer auf seinem Schoß saß, wenn er Klavier gespielt hat. Der Lebenstraum meines Vaters war ein Musikstudium in Frankreich gewesen – und als er dann nach Frankreich musste, sollte er dort nicht Musik studieren, sondern als Soldat kämpfen. Das hat ihn fürchterlich traumatisiert und sein Leben sehr stark geprägt. Die deutsch-französische Freundschaft war ihm heilig.

Mit sechs habe ich selber Klavierunterricht bekommen. Und an stürmischen Herbstabenden hat unsere Mutter meine beiden jüngeren Schwestern und mich aufs Sofa gesetzt und mit uns italienische Opern angehört, in denen meistens die Männer die Bösen waren. Die Vorsicht vor der Männergewalt und Männermacht hat eine große Rolle gespielt. Und oft saßen wir dann alle zusammen da und haben geweint.

Musik ist für mich ein Lebensbegleiter – und sie war auch das Mittel, mich zu emanzipieren von den Eltern. Meine Eltern waren Musikliebhaber, auch Popmusikfans, meine Mutter hat die *Beatles* geliebt. Da musste ich als Kind dann was dagegensetzen, so bin ich mit Jim Morrison gekommen. Englisch habe ich nicht aus Grammatikbüchern gelernt, sondern durch den amerikanischen Soldatensender AFN.

Musik drückte die Forderung nach Freiheit aus, nach einem anderen Leben. Es war ja die Hippie-Zeit, der Rock'n'Roll. Und Musik hat sehr früh auch mobilisiert. Deine eigene Kraft zu nehmen und dich einzumischen in deine inneren Angelegenheiten. Deinen eigenen Akku aufzuladen, Emotionen zu mobilisieren, Lust zu haben und auch Mut zu bekommen auf und zum Widerstand. Es gab die großen *Rock-gegen-Rechts*-Konzerte in den 80er Jahren gegen die Republikaner, als die in diverse Landtage gewählt worden sind. Und natürlich hat mich das familiäre Leben mit *Ton, Steine, Scherben* tief geprägt – einer Band, die eine Stimme war für eine ganze Generation. Da war das Private unbedingt politisch.

Auch heute ist Musik ein permanenter Begleiter. Wenn ich wichtige Reden erarbeiten muss, suche ich mir ein Leitmotiv, suche ich mir eine Zeile, also den Sound einer Rede: Was muss sie aussagen, was soll sie vermitteln? Das tue ich entweder mit Songs, mit Texten oder mit Gedichten, vor allem von Brecht.

Kunst und Kultur spielten eine entscheidende Rolle in meiner Politisierung und Sozialisierung – und sind ein Reichtum in meinem Leben.

FETSUM SEBHAT:

Mein erstes musikalisches Erlebnis war ganz unbewusst. Mit circa 16, 17 fiel mir auf, dass ich bei Dokus über arabische Länder immer eine Gänsehaut bekommen habe und wirklich Tränen in den Augen hatte, wenn im Hintergrund Muezzin-Gesang zu hören war – obwohl wir ja Christen sind. Irgendwann habe ich meine Mutter nach einer Erklärung gefragt. Und sie sagte, du bist doch in Kairo geboren, und in Dokki, dem Stadtteil, in dem wir gewohnt haben, hatten wir im direkten Umkreis mehrere Moscheen. Die ersten eineinhalb Jahre deines Lebens hast du einfach permanent Muezzin-Gesänge gehört. Wahnsinn, wie früh sich Musik in einem manifestiert als Vibration und wie das als Information in einem bleibt. Völlig frei vom religiösen Kontext. Ich habe Muezzin-Gesangs-CDs zuhause und lege die manchmal ein, wenn ich das Bedürfnis habe, in Erinnerungen zu schwelgen.

Für meine Eltern war Musik etwas Grundlegendes. Sie sind ja als Jugendliche in den Krieg hineingezogen worden, in den Unabhängigkeitskampf zwischen Eritrea und Äthiopien, und da gab's Sänger, die im Prinzip diesen Kampf in Revolutionsliedern vertont haben. Leute wie Yemane Baria und Bereket Menghestab gelten bis heute als große Helden. Ich erinnere mich, wie wir alle davon geprägt waren, auch später in Rom und in Stuttgart. Da gab es Feiern der eritreischen Diaspora oder Gemeindeversammlungen mit politischen Inhalten, da wurde ich als Kind natürlich immer mitgeschleift, und da spielte diese Musik eine große Rolle. Eigentlich haben alle Leute darauf gewartet, dass dieser Krieg endet und man zurückkehren kann. Und was ich später erst verstanden habe: Bei den Eritreern im Exil gab es immer das Schuldgefühl, dass man seine Familie zurückgelassen hat. Da waren diese Lieder natürlich immer Mutmacher. Deswegen war bei mir die Verbindung zwischen Musik und Politik schon ganz früh da. Musik war immer auch Ausdruck von Gedanken, das Kommentieren einer politischen Situation. Sie diente nie nur zur Belustigung. Und dann die Hochzeiten – eine kleine eritreische Hochzeit hat 500 Gäste. Und da wurde natürlich getanzt und gesungen. Erstaunlich viele konnten die Kebero spielen, eine doppelseitige Handtrommel, die sich dann immer jemand umhängt, um den Rhythmus der Hochzeitsband auf der Tanzfläche zu verstärken.

Na ja, jedenfalls wollte ich mit fünf unbedingt Klavier lernen. Aber damals galt: Wer das Alphabet noch nicht kann, der kann keine Noten lernen, also nicht musizieren. Alle drei Musikschulen haben gesagt, er soll erst wiederkommen, wenn er eingeschult ist. Dann, als ich eingeschult war, war natürlich Fußball wichtiger. Ich würde diese Menschen gerne noch mal treffen, um ihnen zu sagen, was sie damals blockiert haben. Dass mein Weg mich trotzdem zur Musik geführt hat, relativ spät, zeigt ja nur, wie groß das Bedürfnis war, sich so auszudrücken.

Als ich meiner Mutter eröffnet habe, dass ich mein Politikstudium abbreche, um Musik zu machen, da hat sie, glaube ich, eine Woche lang geweint. Und meine Mutter war der einzige Mensch, dessen Zustimmung ich mir wünschte. Sie hat gesagt, du hast doch nur noch wenige Semester vor dir, mach das doch erst mal fertig. Sie wusste nicht, dass das schon drei Jahre in mir rumort hatte. Und es war einfach so eine Intuitionsgeschichte: Ich saß da und habe, glaube ich, für irgendeine Klausur gelernt und dachte plötzlich: jetzt oder nie.

Die Eltern

CLAUDIA ROTH:

Erzähl doch mal mehr von deinen Eltern. Ich möchte verstehen, was dich antreibt, was dich bewegt und geprägt hat.

FETSUM SEBHAT:

Meine Mutter ist 1974 mit 14 nachts abgehauen von zuhause, als einziges von acht Geschwistern, um in den Krieg zu gehen. Und mein leiblicher Vater mit 16.

Meine Mutter – so hat es mir auch mein leiblicher Vater erzählt – war in ihrer zehnköpfigen Einheit das einzige Mädel und dazu die Jüngste. Und deswegen war immer klar: Man hat sie zwar als gleichwertig mitkämpfen lassen, aber sie wurde auch am meisten beschützt. Und mein Vater hat sich halt besonders gut um sie gekümmert. Mit 16 war sie dann schwanger, und im dritten Monat wurde sie durch eine Granate verletzt. Und dann wurde sie in einer Nacht-und-Nebel-Aktion zu Fuß über die Grenze in den Sudan gebracht, da an den Flughafen, und weil die ELF, die *Eritrean Liberation Front*, ihren Hauptsitz in Ägypten hatte, wurde sie nach Kairo geflogen und dort operiert. Bei ihr waren beide Trommelfelle gerissen. Als ich zur Welt kam, war sie taub. Aber nach einem Jahr hat sie ihr Gehör wiedergewonnen, was ein Wunder war. Sie kann zu 96 Prozent wieder hören, was großartig ist, aber vier Prozent sind viel mehr, als es klingt. Sie kann sich heute ganz normal unterhalten, aber sie ist lauter geworden. Manchmal dachten unsere Nachbarn, wir würden uns streiten, dabei haben wir uns ganz normal unterhalten. Eritreer reden eigentlich sehr leise und sind eher zurückhaltend; man nennt sie auch die Deutschen Afrikas. Na ja, vielleicht war es ja doch kein Zufall, dass wir am Ende unserer Reise in Deutschland gelandet sind.

CLAUDIA ROTH:

Dann bist du mit einer ganz starken Mutter aufgewachsen. Aber was haben denn ihre Eltern gesagt?

FETSUM SEBHAT:

Sie ist ja abgehauen. Mein Großvater war im Exil in Saudi-Arabien, weil er auch gekämpft hat. Ihn haben sie aber gefangen und in Äthiopien ins Gefängnis geschmissen. Aber der Gefängnisdirektor war sein ehemaliger Klassenkamerad. Und der hat ihn nachts rausgelassen. So konnte mein Großvater sich in Sicherheit bringen. Meine Mutter hat ihre Eltern nach ihrem Verschwinden bei Nacht und Nebel 17 Jahre lang nicht gesehen.

Als wir 1992 zum ersten Mal wieder nach Eritrea gefahren sind, habe ich meine Mutter zusammenbrechen sehen, zum ersten Mal. Sie hat sich auf den Boden gesetzt und über zweieinhalb Stunden lang in den Schoß ihrer Mutter geweint. Da habe ich begriffen, dass sie ja auch nur das Kind von jemandem ist.

Und man darf nicht vergessen: Meine Mutter war alleinerziehend. Die wörtliche Übersetzung für »Hurensohn« im Tigrinischen, also der Hauptsprache Eritreas, lautet »Sohn einer alleinerziehenden Frau«.

Nach der damals herrschenden Meinung konnte eine alleinerziehende Frau keinen ganzen Mann formen. Meine

Mutter hatte zwar immer einen Ausnahmestatus, weil sie eine Kämpferin war. Aber es drang natürlich schon durch. Und meine Mutter war auch untypisch für eritreische Frauen.

Geprägt durch ihre Erlebnisse hatte sie eine sehr selbstbewusste Art und mehr männliche Freunde als Freundinnen – was es nicht unbedingt leichter gemacht hat.

Zwei Namen und zwei Väter

Als ich in Kairo geboren wurde, haben mein leiblicher Vater und die Einheit meiner Eltern erfahren, dass meine Mutter mich Atachilti genannt hat, das bedeutet »Wurzel«. Gut überlegt für ein im Exil geborenes Kind. Aber die ganze Einheit hat gesagt: Nee, er kann nicht Atachilti heißen, er muss Fetsum heißen. Dr. Fetsum war ein Militärarzt, der offenbar ganz vielen Menschen das Leben gerettet hat, dann aber im Krieg gefallen ist. Um ihn zu ehren, haben sie mich nach ihm benannt. Fetsum heißt in der eritreischen Metaphorik übrigens »Vollkommen«. Man merkt, das waren junge, idealistische Leute, meine Eltern. Eigentlich waren sie ja selbst noch Kinder.

Als meine Mutter ihr Gehör wiederhatte, wollte sie wieder zurück und weiterkämpfen. Und dann haben halt alle Leute, die da waren, gesagt: auf keinen Fall! Du bist Mutter, du kannst doch jetzt nicht diesen Jungen hier allein lassen. Und dann hieß es halt von der ELF, wir können dir Geld für ein Ticket geben und ein paar hundert Dollar, also wohin willst du? Meine Tante, die Schwester meiner Mutter, lebte zu diesem Zeitpunkt in Rom. Sie hat uns bei sich aufgenommen. Mein leiblicher Vater hat zu dem Zeitpunkt immer noch gekämpft. Meine Mutter hat sozusagen auf ihren Mann gewartet, obwohl nicht klar war, ob man sich überhaupt wiedersieht. Eine ganz unwirkliche Situation für eine 17-jährige. Anderthalb Wochen nach unserer Ankunft besuchte uns ein junger, 28-jähriger Psychiater bei meiner Tante, der Geflüchtete ehrenamtlich betreute. Und ich bin wohl auf ihn zugerannt und habe ihn »Papa« genannt. Ich habe ihn damit offenbar emotional so überrumpelt, dass er uns nach zwei Wochen angeboten hat, bei ihm und seiner Frau zu wohnen. Das wurde eigentlich unsere neue Familie. Wir hatten so ein extremes Glück. Bis heute unterscheiden wir diese Familie nicht von unserer Blutsverwandtschaft. Das ist so ein starkes Band – daher kommt auch meine starke Verbundenheit mit Italien. Zumal Italienisch die erste Sprache ist, die ich gesprochen habe. Und Marco, der leider nicht mehr lebt, ist bis heute eine Vaterfigur für mich geblieben.

CLAUDIA ROTH:

Ich komme aus einem Akademikerhaushalt. Vater Zahnarzt, Mutter Lehrerin. Man hat gar nicht gefragt, ob ich aufs Gymnasium will, das war sowieso klar. Und auch nicht gefragt, ob ich an die Uni will, das war eigentlich auch sowieso klar. Nur vor einem hat meine Mutter mich immer gewarnt. Sie hat gesagt: »Also, Kind, binde dich nicht zu früh, du musst jetzt erst mal selbstständig werden, du musst für dich selber sorgen können. So eine frühe Bindung, das bringt nichts.« Das hat sie mir gesagt, als ich 17, 18, 19 war. Vielleicht hatte sie auch Angst vor diversen Freunden, die bei uns auftauchten. Später hat sie dann lachend gesagt, ich hätte ihren Rat wohl zu ernst genommen.

Dabei hat sie selbst gar nicht die Erfahrung gemacht, durch die Ehe ihre Eigenständigkeit zu verlieren. Aber viele ihrer Altersgenossinnen eben doch. In dieser Zeit, in den 1950er und 1960er Jahren, waren Ehefrauen in Deutschland ja in einer Weise rechtlos, wie wir es uns heute kaum noch vorstellen können: Sie durften ohne Erlaubnis des Mannes kein eigenes Konto haben und keinen Arbeitsvertrag unterschreiben. Schläge des Mannes waren ebenso wenig strafbar wie eine Vergewaltigung innerhalb der Ehe. Es ist manchmal ganz hilfreich, sich klarzumachen, wie es bei uns noch vor wenigen Jahrzehnten aussah, um zu begreifen, was wir schon erreicht haben und wo wir noch weiter um Gleichberechtigung streiten müssen.

Meine Mutter war jedenfalls extrem auf Augenhöhe mit meinem Vater. Das war ein großes Glück für mich, in einer Familie zu sein, wo es nicht diese klassische Patriarchenrolle gab. Meine Mutter war sehr selbstbewusst und gebildet. Als wir später auf dem Land wohnten, hat sie gleich ihr eigenes Auto gehabt, was damals keineswegs selbstverständlich war. Ich bin auch nie geschlechtsspezifisch erzogen worden. Das Motto hieß: Du bist ein Mensch und nun guck, dass du dein eigenes Leben leben kannst. Diese Ermunterung habe ich mitbekommen. Ich bin ja aufgewachsen in einer Zeit, da hieß es für Frauen noch Kinder, Küche, Kirche. Viele meiner Klassenkameradinnen konnten das Abitur nicht machen, obwohl sie supergut waren in der Schule. Die wurden aus der Schule rausgenommen, weil sie ja eh heiraten sollten. Viele haben auch schon als Kinder, schon mit zehn, elf, zwölf Jahren diese Aussteuerkiste gekriegt, mit Bettwäsche und Töpfen und sonst was drin. Und als ich meine Eltern mal gefragt habe, warum kriegen die das und ich nicht, da haben sie gesagt, das wirst du dir dann später selber kaufen, wenn du dein eigenes Geld verdienst und mit jemandem zusammen bist. Jetzt kriegst du das, was jetzt wichtig ist in deinem Leben.

Ich habe dann angefangen, Theaterwissenschaft zu studieren, was wahrscheinlich ähnlich erfolgversprechend war wie Fetsums Politikstudium. Aber mein Vater wusste genau, die taugt nicht als Zahnärztin, das geht gar nicht. Also hat er nicht gesagt: Du musst.

Nach Stuttgart

FETSUM SEBHAT:

Als ich vier war, erfuhr meine Mutter, dass eine Weggefährtin aus dem Krieg in Stuttgart gelandet war und dort niemanden hatte. Sie sprach sofort mit Marco – und er gab ihr anstandslos Devisen mit, damit wir nach Deutschland fliegen und der Tante, so nannten wir sie, helfen konnten. Und so landete eine 20-Jährige mit ihrem vierjährigen Sohn in Stuttgart – nachdem wir in Rom in einer sehr großen Wohnung mit Blick aufs Kolosseum, bei einer wohlhabenden Familie gewohnt hatten, mit allem Luxus und mit Zugang zu den linksintellektuellen Kreisen der Hauptstadt – vom Theaterregisseur bis hin zum Bürgermeister. Wir waren auch total schick gekleidet und kamen da in Stuttgart an wie Nachfahren von irgendwelchen Prinzen. Dabei waren wir staatenlos und wussten nicht, wohin.

Meine Mutter hat dann binnen eines Monats eine Wohnung für uns und die Tante gefunden – und entschieden, dass sie die Hilfe von Marco und seiner Familie nicht mehr länger annehmen wollte. Für Marco war das, als hätte sie ihm seinen Sohn weggenommen – und umgekehrt. Er ist sofort angereist und hat gesagt, kommt doch alle nach Italien. Aber meine Mutter meinte, du hast deine Frau, das ist mein Sohn, ich warte auf meinen Mann, der noch im Krieg ist. Und das musste er dann akzeptieren. Und ich auch. Sie wollte auf eigenen Beinen stehen. Die Familie in Italien, die hat das gar nicht verstanden, was wir da machen. Sie haben angeboten, uns wenigstens eine bessere Wohnung in Stuttgart zu besorgen. Aber da war halt dieser Stolz, dieses: Ich kümmere mich selbst, ich kann arbeiten. Und wir können uns eben nur eine Zwei-Zimmer-Wohnung mit 39 Quadratmetern leisten. Meine Mutter hat im Wohnzimmer geschlafen.

Ein halbes Jahr später die frohe Kunde: Mein leiblicher Vater war am Leben und via Sudan auf dem Weg nach Stuttgart. Aber einen Monat nach seiner Ankunft waren die Differenzen zwischen meinen Eltern so groß, dass es nach einem heftigen Streit zum Bruch kam. Seine Bemühungen danach, das zu heilen, die waren unendlich, aber es gelang nicht. So hat er kurze Zeit später in Stuttgart neu geheiratet und drei wundervolle Töchter bekommen. 1989 oder 90, nach knapp zehn Jahren im Exil, ist er zurück nach Eritrea. Das war kurz vor Kriegsende. Er hatte immer den Wunsch gehabt, beim Wiederaufbau seines Landes zu helfen.

Bis ich zwölf war, habe ich sämtliche Ferien in Italien verbracht, weil das mein emotionales Zuhause war; da hatte ich mich am wohlsten gefühlt. Was natürlich auch damit zu tun hatte, dass wir durch Marcos Familie ein relativ privilegiertes Leben und einen ganz anderen Zugang zur Gesellschaft genossen. So bin ich mit diesen zwei Realitäten aufgewachsen. Leider ist Marco dann an einem Herzinfarkt gestorben, als ich zwölf war. Mit 40.

2006, bei meinem zweiten Besuch in Eritrea, habe ich dann mit meinem leiblichen Vater die Friedenspfeife geraucht, sozusagen. Weil ich verstanden hatte: Wenn ich keinen Frieden mit ihm schließe, kann ich auch keinen Frieden für mich im Leben finden. Irgendwie ist Verzeihen ein erlösender Prozess, für beide Seiten. Außerdem ist er ein superlieber Kerl, ein sehr sozialer Mensch. Ich sehe immer, dass Jugendliche ihn total großartig finden, weil er ein guter Ratgeber ist, weil er eigentlich im besten Sinne ein Peacemaker ist. Auf der Basis konnten wir uns gut annähern.

Nur Theater!

CLAUDIA ROTH:

Im zweiten Semester in München kamen zwei Professoren zu mir, die gerade eine Anfrage aus Dortmund bekommen hatten: Die Städtischen Bühnen suchten eine Dramaturgie-Assistentin. Sie haben mir gesagt:»Fahren Sie sofort da hin! Und wenn das klappt, sofort diesen Vertrag unterschreiben! Dieses Studium ist ohnehin nichts für Sie.« Und das war schon extrem, mit 20, ich war eine ziemlich gute Schülerin gewesen, eigentlich eine sehr gute Schülerin, und man hat gesagt, die macht jetzt eine Riesenkarriere und so. Und dann sage ich, das war's jetzt. Meine Eltern haben nicht geweint, aber meine Mutter hat gesagt, ich fahre mit. So sind wir miteinander aus dem weiß-blauen Lodenmantel-Bayern, dem CSU-geschwängerten Bayern, 1975 ins Ruhrgebiet gefahren, in die Gegend der Arbeit, und ich habe den Vertrag unterschrieben. Mein Vater hat dann sehr ernsthaft mit mir geredet und gesagt: Gut, Kind, damit ist klar, dass die

Unterstützung jetzt aufhört. Du bist jetzt selbstständig, du hast dich bewusst entschieden, dann sorg jetzt auch für dich. Das fand ich damals ziemlich heftig, aber es hat mich auch angespornt. Es war fast so ein Weckruf: weg von jeder Abhängigkeit; ich sorg ab jetzt für mich selber. Und das habe ich auch geschafft.

Aber es war schon ein Bruch, und für meine Eltern auch nicht so leicht. Was sagt man der ganzen Verwandtschaft? Was bedeutet das im sozialen Umfeld, wenn die Schulsprecherin jetzt so einen Weg geht? So ein Ausstieg war damals ja mitnichten selbstverständlich. Aber meine Eltern konnten andererseits auch nicht meckern über Kunst und Kultur oder über Theater und Musik, weil das ja ihre eigenen Träume waren. Meine Mutter musste Lehrerin werden, sonst wäre sie Krankenschwester im Krieg geworden. Das waren damals die Alternativen. Aber eigentlich wollte sie Kunst studieren und Innenarchitektin werden oder Malerei machen. Und die Tochter hat das dann aufgegriffen, um etwas zu verändern, um Einfluss zu nehmen.

Denn mit 16, 17 war mein tiefer Eindruck: Diese Welt ist extrem ungerecht, und unser Land ist extrem ungerecht, und da muss sich was ändern. Mein Ansatz damals war tatsächlich: Ich will die Welt verändern. Kleiner habe ich's gar nicht denken können. Die Welt muss gerechter werden. Mir kann's doch nicht gut gehen, wenn's anderen schlecht geht.

Ich war zuerst bei freien Theatergruppen und dann bei den *Scherben*. Und meine Eltern sind mir überall hinterhergereist, auch in die Wohngemeinschaften, haben sich alles angeguckt. Und als besondere Provokation, das werde ich nie vergessen, ist mein Vater dann ins *Ton-Steine-Scherben*-Konzert mit einem Jägerhut gekommen. Der hat in seinem Leben nie Jägerhut getragen, aber da ist er dann hin und hat sich vorne hingestellt. Wir so: »Keine Macht für niemand«, und der Doktor Roth steht da mit dem Jägerhut ...

Immerhin: Sie waren dabei, sie wollten immer alles genau wissen. Das hat mir unheimlich viel bedeutet.

Und natürlich hatte ich diese bürgerlich-gesicherte Herkunft immer als Hintergrund. Es ist natürlich viel leichter, wenn du nie erlebt hast, was Armut tatsächlich bedeutet, das Nicht-dabei-sein-Können aus finanziellen Gründen. Wenn du sehr wohlbehütet und ohne Verzicht aufgewachsen bist, dann kannst du schon ein bisschen romantisch sein. Ich habe tatsächlich erlebt, dass Reichtum sich nicht nur übers Konto bemisst – aber natürlich auch übers Konto.

Aber ich verstehe, dass deine Mama geweint hat, als du das Studium geschmissen hast, und dass sie sich gefragt hat, was wird jetzt aus dem Jungen?

FETSUM SEBHAT:

Ja, meine Mutter war geflohen, und sie wusste, was am Ende des Tages wirklich zählt. Ihr Standpunkt war: Wir wissen nicht, wo wir in zehn Jahren sind, wir wissen nicht, wo wir in 20 Jahren sind. Du weißt nicht, wie die politische Situation in Deutschland sich entwickelt. Aber eine Sache, die dir niemand nehmen kann, ist das, was du gelernt hast. Ein Diplom aus Deutschland wird in der ganzen Welt anerkannt. Deswegen war sie damals so traurig, weil sie nicht verstanden hat, wie ich sowas einfach wegschmeißen kann, wo ich doch die Möglichkeit habe, die sie nicht hatte.

Es ging also nicht darum, dass sie mir Musik verbieten wollte. Meine Mutter hat mir selten was verboten. Auch interessant, wenn man bedenkt, aus welcher Gesellschaft und aus welcher Situation sie kam. Sie hat mich wirklich alles machen lassen, was mir wichtig war.

Das mit der Musikerlaufbahn habe ich meiner Mutter damals übrigens erklärt, indem ich sie gefragt habe, ob sie in den schwierigsten oder traurigsten Momenten ihres Lebens Musik hört. Und sie sagte ja. Dann habe ich gesagt, als ihr im Krieg wart und zusammen am Lagerfeuer saßt, mitten in der Wildnis, was habt ihr gemacht, um eure Trauer, Sehnsucht, Wut und Angst zu kompensieren? Da habt ihr zusammen gesungen. Da sagte sie ja. Und so habe ich versucht, ihr zu zeigen, wie wichtig Musik ist.

Politische Prägung

CLAUDIA ROTH:

Fetsum, wir beide sind ja politische Menschen, für uns ist der Zustand der Welt also nicht unveränderlich. Und wenn uns etwas nicht gefällt, wollen wir es verbessern. Wie verlief deine Politisierung eigentlich?

FETSUM SEBHAT:

Erst mal durch die bloße Tatsache, das Kind politisch aktiver Eltern zu sein.

Dann aber auch durch den Verlauf der eigenen Biografie und die permanente Identitätssuche.

Ich habe Italien beispielsweise als Adoleszent anders kennengelernt als in meiner Kindheit. Damals stand ich ja noch unter Welpenschutz, war privilegiert und zugleich sehr angeregt, weil das alles »humanistische« Kulturleute waren. Aber als Jugendlicher in Berlusconis rechtkonservativem Italien war ich, aufgrund meiner Größe und Hautfarbe, auf einmal Projektionsfläche für die Ressentiments gegenüber Afrikanern im Allgemeinen. Ich war 17, als Berlusconi 1994 zum ersten Mal als Ministerpräsident gewählt wurde. Danach bin ich aus Protest vier Jahre lang nicht mehr in mein geliebtes Italien gefahren. Weshalb reagiert ein 17-Jähriger so? Ich war zwar noch völlig grün hinter den Ohren, aber meine gesellschaftspolitischen Antennen war schon fein genug, um zu begreifen, dass das Forza-Italia-Bündnis Menschen wie mir nicht freundlich gegenüberstand. Meine Familie in Rom war sehr kommunistisch, Anti-Mussolini, Anti-Vatikan, atheistisch. Seitens meiner eritreischen Familie bin ich christlich geprägt – und die, die in Rom gelebt haben, gegenüber vom Vatikan, die sagten, der Papst sei der Antichrist.

Meine Mutter sagt, ohne ihren Glauben hätte sie den Krieg nicht überstanden – ohne den Glauben an eine bessere Welt, ohne den Glauben an Gott. Und auf der italienischen Seite haben wir eine Familie, die nachweislich seit 1871 Akademiker sind, also bereits in der fünften Generation. Und die eine kommunistische Haltung zum Katholizismus haben. Ich habe diese ganzen politischen Streitgespräche auf Italienisch und Eritreisch von früh an mitbekommen. Marco war unter anderem mit Pasolini bekannt gewesen. Das Thema Homosexualität war ganz selbstverständlich präsent – während es in der eritreischen Community eher ein Tabu war.

Pier Paolo Pasolini war einer der bekanntesten italienischen Filmregisseure. Der überzeugte Kommunist und bekennende Homosexuelle wurde 1975 an einem Strand in der Nähe von Rom ermordet. Zu seinen berühmtesten Filmen zählen »Medea« aus dem Jahr 1969 und »Die 120 Tage von Sodom« (1975).

CLAUDIA ROTH:

Ja, das war natürlich eine extrem politische Zeit. Am theaterwissenschaftlichen Institut in München habe ich die 68er noch alle erlebt, das war ja erst ein paar Jahre her und man hat's noch richtig gespürt, vor allem diese Auseinandersetzung mit der NS-Geschichte. Und dann sehr früh auch die Frage, wie der Mensch eigentlich umgeht mit dieser Einen Welt; der Bericht des Club of Rome. Ich kann mich noch an die autofreien Sonntage erinnern, als Deutschland auf die Autobahn zum Spazieren gegangen ist.

Der **Club of Rome**, ein internationaler Zusammenschluss von Wissenschaftlern, wies in seiner Studie »Grenzen des Wachstums« 1972 öffentlichkeitswirksam auf die ökologischen Folgen eines Wirtschaftssystems hin, das die Natur hemmungslos ausbeutet und ruiniert. Spätestens seit dieser vielbeachteten Veröffentlichung geschieht das Festhalten an einer nicht-nachhaltigen Wirtschaftsweise wider besseres Wissen.

Autofreie Sonntage

Im Oktober 1973 schockierte die OPEC (Organisation erdölexportierender Länder) die westliche Welt durch eine politisch motivierte Drosselung der Fördermengen – der Westen sollte seine Unterstützung Israels im Jom-Kippur-Krieg aufgeben. In der Folge vervierfachten sich die – bis dahin sehr niedrigen – Erdölpreise und der Westen spürte seine Abhängigkeit vom Rohöl in Form einer Rezession. In der Bundesrepublik Deutschland wurden, um Energie zu sparen, ab Ende November 1973 vier Sonntage zu »autofreien Tagen« erklärt; an den ersten drei galt ein fast ausnahmsloses Fahrverbot.

Es gab die starke Empfindung, dass die Politik nicht mehr die Ideen repräsentierte, die sich gesellschaftlich längst Bahn brachen: der Umweltschutz; die Befreiung von Lesben und Schwulen; der Kampf gegen das Abtreibungsverbot. Das *Stern*-Titelblatt werde ich nie vergessen.

»Wir haben abgetrieben«

Am 6. Juni 1971 erklärten, initiiert von der damaligen *Stern*-Redakteurin Alice Schwarzer, knapp 400 Frauen im Wochenmagazin *Stern*, dass sie gegen das geltende Abtreibungsverbot des § 218 verstoßen hatten, sich also strafbar gemacht hatten. Vorbild war eine ähnliche Aktion in Frankreich einige Monate zuvor. Die aufsehenerregende Aktion, an der sich auch prominente

Schauspielerinnen und Journalistinnen beteiligten, war von großer Bedeutung für das Erstarken der westdeutschen Frauenbewegung.

Ich wollte nicht Kinder, Küche, Kirche. Und so haben mich meine Eltern auch auf den Weg geschickt, indem sie gesagt haben: Führe dein Leben so, wie du es für richtig hältst, und sei selbst für dich verantwortlich.

Ich hatte ja das Glück, in dieser Familie aufzuwachsen, die extrem liberal und radikaldemokratisch war. Der Tisch war ein Kommunikationszentrum, wo es Streit gab ohne Ende, aber Streit im besten Sinne. Ich habe das Streiten zuhause gelernt, mit dem Vater, mit der Mutter. Es gab heftige Auseinandersetzungen. Mein Vater war *Spiegel*-Leser, und deshalb war am Montag Schweigen angesagt, wie bei diesem Mönchsorden, den Trappisten: Mein Vater durfte in seiner Lektüre nicht gestört werden, und ab Mittwoch hat er dann die Weisheiten von Herrn Augstein verkündet. Ich kann mich erinnern an die wirkliche Wut und Verzweiflung meines Vaters, als 1962 die *Spiegel*-Affäre war, als Augstein verhaftet wurde. Das sind ganz frühe Erinnerungen, weil mein Vater so erschüttert war – aus Sorge um unsere damals ja noch junge Demokratie. Und deswegen war Strauß in unserem Haushalt keine sehr angesagte Persönlichkeit.

Spiegel-Affäre:

Im Oktober 1962 veröffentlichte der *Spiegel* einen kritischen Artikel über den Zustand und die strategische

Ausrichtung der NATO-Truppen in Europa (»Bedingt abwehrbereit«). Der damalige Verteidigungsminister Franz Josef Strauß (CSU), der vom *Spiegel* seit jeher hart angegangen wurde, initiierte massive Strafverfolgungsmaßnahmen gegen das Magazin; dessen Chef Rudolf Augstein saß wegen angeblichen »Landesverrats« mehrere Monate in Untersuchungshaft. Der Konflikt gilt als eine der ersten und schwersten Bewährungsproben des noch jungen Rechtsstaates und mobilisierte zahlreiche Bürger, die für die Grundrechte auf die Straße gingen, obwohl das rechtsstaatswidrige Vorgehen von Strauß von der damaligen Bundesregierung gedeckt wurde. Am Ende standen der Sieg der Pressefreiheit und der Rücktritt von Strauß.

Und die Mama hat am Donnerstag dann immer mit dem *Stern* gekontert. Damals habe ich gelernt, mich nicht zu bescheiden und das Engagement nicht zu delegieren: Mecker nicht rum – wenn du was willst, dann kümmere dich drum. Also dieser Aufruf zum Einmischen. Misch dich ein! Vertrete deine Positionen! Und da war die katholische, die sehr gläubige Oma, sehr Franziskus-geprägt, die Nächstenliebe unendlich gelebt hat und die mir auf meinen Weg Empathie und Solidarität mitgegeben hat. Sie hat immer gesagt: Mensch, mir geht's nicht gut, wenn's dem anderen schlecht geht. Und es war letztlich ein unglaubliches Glück, in einer extrem politisierten Zeit in einem liberalen, radikaldemokratischen Elternhaus und in einer extrem CSU-bestimmten Gegend aufzuwachsen. Es klingt wahrscheinlich komisch, aber ich bin wohl so, wie ich bin, weil es die CSU gab und den Strauß, denn genau so wollte ich nicht sein. Und dafür, dass ich gelernt habe, eine andere Meinung zu vertreten und dafür auch einzustehen, Gesicht zu zeigen, bin ich meinen Eltern unglaublich dankbar.

Eritrea

FETSUM SEBHAT:

Ich habe mich natürlich mit dem Krieg beschäftigt, in dem meine Eltern gekämpft haben. Es gab ein Aufbegehren dieser Region, die wir heute als Eritrea kennen, gegen das damalige Äthiopien von Haile Selassie und danach Mengistu.

Der Kolonialismus hat ja willkürlich Länder, Regionen, Bevölkerungen gespalten oder zusammengepfercht und dabei die gewachsenen Grenzen ignoriert. Den Staatsgrenzen in Afrika und im Nahen Osten sieht man ja an, dass sie am Reißbrett gezogen wurden. An einem westlichen Reißbrett – im Falle Afrikas während der Kongo-Konferenz vor gut 130 Jahren; im Nahen Osten dann 30 Jahre später durch das Sykes-Picot-Abkommen.

Aber was hinterlässt denn sowas? Es entsteht ja trotzdem eine neue Kultur. Das kann man perfekt sehen an Hongkong zum Beispiel, wo der Pachtvertrag der Briten 1997 nach 99 Jahren abgelaufen war und man den Leuten sagte, okay, der Vertrag ist abgelaufen, ihr gehört jetzt wieder zu China. Und alle so: Bitte wie? Und genauso hatte sich Eritrea durch die italienische Besatzung so verändert, dass ein Zusammengehen mit Äthiopien noch unvorstellbarer war,

Eritrea liegt strategisch bedeutsam, weil es 1200 Kilometer Küstenlinie am Roten Meer und damit die Zufahrt zum Suez-Kanal kontrolliert. Das Land hat 6,3 Millionen Einwohner, die etwa je zur Hälfte Muslime und Christen sind. Die Landesfläche beträgt mit ca. 117000 km^2 etwa ein Drittel derjenigen Deutschlands. Die Hauptstadt ist Asmara (665000 Einwohner).

Über Jahrhunderte gehörte der an der Küste gelegene Landesteil zum Osmanischen Reich, während das Hochland ein eigenständiges Königreich war. Von 1890 bis 1941 war Eritrea italienische Kolonie, danach bis 1952 britisches Mandatsgebiet. 1936 schlug Italien nach dem »Abessinienkrieg« (Abessinien = Äthiopien) seiner Kolonie große Teile Nordäthiopiens zu. 1952 entschied die UNO, dass Eritrea und Äthiopien eine Föderation bilden sollten. Der äthiopische Kaiser Haile Selassie strebte allerdings eine vollständige Annexion Eritreas an, was 1961 zum Ausbruch des 30-jährigen Unabhängigkeitskriegs führte. Nach dem Sieg in diesem blutigen, verlustreichen Krieg entschied sich die eritreische Bevölkerung 1993 in einem Referendum gegen die Föderation und für die vollständige Unabhängigkeit. Von 1998 bis 2000 gab es einen erneuten Grenzkrieg der beiden bis heute verfeindeten Nachbarn.

Seit 1993 hat Eritrea offiziell eine »Übergangsregierung«. Faktisch ist es eine militaristische, stark abgeschottete Einparteien-Diktatur. Hauptgrund für die Massenflucht Hunderttausender ist jedoch der Militärdienst: Alle Männer und Frauen zwischen 18 und 50 können jederzeit für unbestimmte Dauer eingezogen werden.

Monatlich fliehen ca. 5 000 Menschen aus dem Land – trotz massiver Grenzbefestigungen und Schießbefehl. Eritrea gehört laut Bundesamt für Migration und Flüchtlinge (BAMF) (2016) zu den zehn Ländern, aus denen die meisten Flüchtlinge nach Deutschland kommen. Nach Syrien ist es das Land mit der höchsten Anerkennungsquote (94,5 Prozent).

Kongo-Konferenz

Im Zuge der fortschreitenden Industrialisierung nahm ab ca. 1880 das wirtschaftliche Interesse der europäischen Staaten an den rohstoffreichen Gebieten im Inneren Afrikas stark zu. Die Konkurrenz um lukrative Kolonien bedrohte das zerbrechliche europäische Mächtegleichgewicht. Deshalb lud der deutsche Reichskanzler Otto von Bismarck elf europäische Staaten sowie die USA und das Osmanische Reich zu einer dreimonatigen Konferenz im Winter 1884/85 nach Berlin ein. Anlass und Namensgeberin der Konferenz war die privatwirtschaftliche Inbesitznahme Zentralafrikas, also des Kongogebiets, durch den belgischen König Leopold II. Dies hatte zum einen Frankreich und Großbritannien auf den Plan gerufen und zum anderen den »Wettlauf um Afrika« ausgelöst, in dessen Zuge jede Großmacht versuchte, möglichst viele »Schutzgebiete« in Afrika zu erobern oder zu beanspruchen.

Im Abschlussdokument der Konferenz, der »Kongo-Akte«, wurde Zentralafrika in neun Staaten unter den Kolonialmächten aufgeteilt; in den folgenden zehn Jahren folgte praktisch der gesamte Rest des Kontinents. Die Interessen der Afrikaner spielten dabei keinerlei Rolle. Die Grenzziehung orientierte sich nicht an historischen oder ethnischen Gegebenheiten, sondern ausschließlich an innereuropäischen Überlegungen sowie am Nutzen der ausbeutenden Kolonialmächte.

Sykes-Picot-Abkommen

Für die Zeit nach dem Ende des Osmanischen Reichs im Ersten Weltkrieg einigten sich Frankreich und Großbritannien 1916 in einem Geheimabkommen über ihre Interessen- und Einflussphären im Nahen Osten. Die dabei gezogenen Grenzlinien ignorierten – wie schon die Kongo-Akte – ethnische und andere regionale Kriterien. Hierin sehen viele Kommentatoren eine bis heute wirksame Ursache der politischen Instabilität des Nahen Ostens.

als es das ohne Kolonialismus gewesen wäre. Dem Mythos nach hat 1961 eine kleine Gruppe ehemaliger Askaris diese Revolution gegen den äthiopischen Kaiser begonnen. Askaris waren unter anderem eritreische Soldaten der italienischen Kolonialtruppen. Diese ausgebildeten Soldaten sind mit ihren Schießgewehren und ihren Pferden losgezogen, weil sie nicht von Äthiopien annektiert werden wollten. Anführer dieser Gruppe, aus der die ELF enstehen sollte, war ein Mann namens Idris Mohammed Adam. Für Äthiopien war Eritrea natürlich wichtig als Zugang zum Meer.

Obwohl Eritrea der Ort ist, wo ich die Menschen wiederfinde, von denen ich abstamme, würde ich da heute wahrscheinlich nicht leben können. Weil ich in vielerlei Hinsicht ganz anders geprägt bin, eine andere Haltung habe. Wenn ich in Eritrea rumlaufe, fallen mir zwar viele schöne Dinge, aber leider auch die vielen Restriktionen auf. Als ich 1992, ein Jahr vor dem Referendum, mit 15 zum ersten Mal da war, kam es mitten in der Stadt, an einem Treffpunkt für Jugendliche, zwischen ehemaligen Soldaten zu Handgreiflichkeiten, und meine Mutter hat mich gewarnt: Fetsum, ich weiß, du bist groß, und ich weiß, du magst es, zu schlichten, aber mach das hier nicht. Die Jungs, die hier im Krieg gekämpft haben, die kennen keine Regeln bei einer Schlägerei. Die ist erst zu Ende, wenn einer nicht mehr aufsteht. Und du bist zwar groß für dein Alter und vielleicht auch doppelt so schwer wie die, aber die sind zäh. Du denkst vielleicht, du ziehst die irgendwie auseinander. Aber da geht's um Stolz, da geht's um Ehre, da machst du nichts.

Und eine Woche später sehe ich, wie ein paar Jungs aufeinander losgehen, und sage natürlich, das geht nicht. Ich stelle mich so mit meinem Körper dazwischen, um zu schlichten. Im nächsten Moment ist die Militärpolizei da. Und zack, waren wir zu sechst im Knast. Die haben mich an den Haaren mit einer durchgeladenen Kalaschnikow auf diesen Pick-up geschmissen, und da habe ich einfach verstanden: Wir sind nicht in Deutschland.

Repräsentanten Deutschlands

CLAUDIA ROTH:

Ich habe viele Jahre lang dieses Deutschland und vor allem Bayern nicht als Heimat erlebt. Ich stand eigentlich immer auf der anderen Seite, weil mir das Gefühl vermittelt worden war: So wie du bist, gehörst du gar nicht dazu. Dieses Land hat mich behandelt wie einen Feind, wie eine Bedrohung, weil ich zum Beispiel gegen Atomkraft demonstriert habe. Es hat Freunde von mir wie Aussatz behandelt, weil sie HIV-positiv waren oder Aids hatten – und wo man dann überlegt hat, ob man die nach Wackersdorf in ein Lager sperrt. Dieses Land hat gegen Menschen, die für mehr Demokratie und gegen Militarismus auf die Straße gegangen sind, Wasserwerfer eingesetzt, hat Polizei-Hubschrauber auf einen losgeschickt bei den großen Demonstrationen. Ich hatte wirklich das Gefühl, die wollen uns nicht, wir gehören nicht dazu, die schränken unsere Freiheitsrechte ein. Das war ein abgeschlossenes, ein eingemauertes Deutschland. So bin ich politisiert worden, das war dieses Westdeutschland in den 70er Jahren. Und zu Recht haben soziale Bewegungen und Gruppen gesagt, das kann doch nicht sein. Es ist auch unser Deutschland, es ist auch unser Bayern. Wir gehören auch dazu.

Die Parlamente waren ja nicht repräsentativ: grau angezogene Männer mit einer Handvoll Frauen vielleicht dabei, und die Minderheiten hatten keine Sprache, keine Stimme. Die Umwelt hatte keine Stimme. Die Frauen hatten keine wirkliche Stimme. Und so haben wir gesagt, wir eignen uns dieses Deutschland an, es ist auch unser Deutschland. Und weil das gelungen ist, habe ich heute eine andere Rolle. Heute spreche ich über Deutschland als ein tolles Land mit großartigen Menschen, das man schützen muss vor denen, die dieses Land weniger human, weniger demokratisch, weniger inklusiv und in Monokultur haben wollen. Lange gehörte ich zu denen, die von diesem Staat misstrauisch beobachtet wurden; heute bin ich eigentlich die klassische Verfassungsschützerin.

Wenn man mir vor 30 Jahren gesagt hätte, dass ich mal Vizepräsidentin des Deutschen Bundestages sein würde, hätte ich gesagt, du hast sie wohl nicht alle. Das war so unglaublich weit weg. Ich hatte gar kein Bewusstsein für diese Institutionen; die mussten wir ja erst erobern. Aber heute fühle ich mich wirklich gut in dieser Funktion. Wenn so jemand wie ich die Idee der Demokratie repräsentieren kann, dann zeigt das, dass ich mich, dass aber vor allem dieses Deutschland sich geändert hat.

Heute reise ich in andere Länder, auch da, wo es schwierig ist, und repräsentiere dort Deutschland. Dann wundern die sich auch: Aha, du bist also Deutschland. Aber das ist ein gutes Gefühl, zu sehen: Ey, irgendwie hat sich dieses Deutschland ganz schön verändert. Und dazu haben wir auch beigetragen.

FETSUM SEBHAT:

Wenn ich in Amerika gefragt werde, woher ich komme, sage ich immer: »I'm German.« Eigentlich, weil ich diesen kurzen Moment des Stutzens liebe. Aber das Lustige ist, dass da niemand stutzig wird. Niemand sagt: »That's not possible, you can't be German!« Das heißt, außerhalb Deutschlands repräsentiere ich: Deutschland. Da werde ich als Musiker aus Deutschland, als deutscher Musiker präsentiert. Die Hautfarbe spielt dafür keinerlei Rolle. Da heißt es immer »The German artist«.

Das gilt ja auch für andere Künstler. Patrice ist halb Deutsch, halb Sierra Leone; Ayo ist halb Rumänin, halb Ni-

gerianerin und in Nordrhein-Westfalen aufgewachsen.
Nneka ist halb Deutsche, halb Nigerianerin, die in Warri
(Nigeria) und in Hamburg aufgewachsen ist – das sind alles Künstler, die Deutschland repräsentieren und international sehr erfolgreich sind, die aber medial, meiner Meinung nach, dafür nicht anerkannt werden.

2
Deutschland:
Wer gehört dazu?

FETSUM SEBHAT:

Es gibt ja diese Debatte, warum Özil nicht die Nationalhymne singt. Die gibt es übrigens auch in Italien, mit Balo-
telli und all denen aus der neuen Generation, die jetzt in
Italien heranwächst, also den Arabisch- oder Afrikanisch-
stämmigen, die auch in Italien geboren sind. Man sagt ja,
Italien ist, was das Thema angeht, immer so 20 Jahre hinterher, so wie wir bei manchen Themen 20 Jahre hinter
Frankreich oder Holland herhinken in der öffentlichen Debatte. Frankreich hatte schon bei der WM 2002 unter seinen elf Stammspielern zehn Schwarze.

CLAUDIA ROTH:

Der Fußball ist in der Tat ein gutes Beispiel. Fußball ist ja
Deutschlands Kulturgut Nummer eins, und das meine ich
jetzt gar nicht negativ. Und seit geraumer Zeit ist die Fußball-
nationalmannschaft ein Repräsentant dieses bunten neuen
Deutschlands.

Aber wenn dann bei großen Turnieren von der AfD kommt,
nächstes Mal solle wieder die Nationalmannschaft spielen,
also die »richtigen Deutschen«, dann merkt man, dass wir ein
gehöriges Maß an Rassismus haben in unserem Land, der tief

verankert ist, und eine zunehmende Islamfeindlichkeit. Übrigens liegen selbst die Wohlmeinenden manchmal daneben.

So wurde Herr Gauland nach seinen üblen Sprüchen gegen Jerome Boateng (für die er übrigens mit jeder Menge Talkshow-Auftritten belohnt wurde) von Journalisten »Fremdenfeindlichkeit« vorgeworfen. Jerome Boateng ist in Berlin geboren, der ist in Charlottenburg aufgewachsen, da frage ich mich schon, was das für ein Verständnis von Fremdheit sein soll?

Außerdem wird hier oft mit zweierlei Maß gemessen. Wegen Boateng gab es eine große Welle der Solidarität – gut so! Aber was ist mit Özil? Wer nimmt ihn in Schutz, wenn Markus Söder von der CSU nach dem Italien-Spiel bei der EM in diesem Jahr nur ihn wegen des verschossenen Elfmeters via Twitter anzählt (obwohl auch die »Bio-Bayern« Schweinsteiger und Müller verschossen haben)? Und warum verlangt man von Özil, durch Mitsingen der Hymne zu beweisen, dass er ein guter Deutscher ist? Das wird von mir auch immer verlangt, und ich habe mich immer standhaft dagegen gewehrt. Ich singe dann, wenn ich will, und nicht, wenn man es von mir verlangt. Abgesehen davon gibt es auch andere Spieler, die nicht mitsingen. Und von den 74er-Weltmeistern hat kein einziger mitgesungen. Beckenbauer, Müller, Hoeneß – alles schlechte Deutsche?

Als öffentlich wurde, dass Özil nach Mekka gefahren ist als bekennender und gläubiger Muslim, da trat die AfD wieder einen schäbigen Shitstorm los. Aber wo blieb da der öffentliche Aufschrei der Anständigen? Nach dem Motto: Boateng ist zwar schwarz, aber immerhin Christ. Und Özil geht nach Mekka – das ist offenbar schon mal per se verdächtig. Da haben wir also ein richtig großes Problem. Laut einer Studie vom Frühjahr 2016 stimmen über 40 Prozent in unserem Land Äußerungen von

Trump zu, wonach man Muslime nicht mehr einreisen lassen sollte. Das ist doch verrückt!

FETSUM SEBHAT:

Das Verrückte ist: Das, was man jetzt von Özil verlangt, nämlich das Bekenntnis zu Deutschland als dem Land, dem er sich zugehörig fühlt, war sowohl bei den Rechten als auch bei vielen der sogenannten Bildungsinländer der 80er und 90er überhaupt nicht erwünscht. Wenn da der Halil oder der Dimitri oder der Giovanni oder der Fetsum mit dem Deutschland-Trikot rumgelaufen sind, aus Verbundenheit zum Land ihrer Geburt, dann hat man sie oft belächelt oder angemacht – von beiden Seiten. Dann sagte man, hast du kein eigenes Land? Dann sei doch Brasilien-Fan. Und jetzt geh heute mal nach Offenbach in die Hood und guck, welche Trikots die Mehrheit der Kids trägt: Deutschland-Trikots. Und warum? Da steht jetzt Khedira, Özil, Boateng ... Podolski, Müller, Schweinsteiger ... da steht alles drauf. Das ist jetzt kein Problem mehr. Wenn man sich repräsentiert fühlt, dann nimmt man diese Identität auch an. Und außerdem spielen sie seit 2006 auch zum ersten Mal erfolgreichen und zugleich attraktiven Fußball.

CLAUDIA ROTH:

Ja, die Vielfalt in der Nationalmannschaft macht es mir auch leichter, mich mit ihr und mit Deutschland als meiner Heimat zu identifizieren. Das ist sowieso eine spannende Frage: Was bedeutet eigentlich Heimat?

Heimat

FETSUM SEBHAT:

2006 bei meiner zweiten Eritrea-Reise ist mir etwas klar geworden. Ich saß vier Wochen lang fast ausschließlich bei meinen Großeltern zuhause, in Asmara, der Hauptstadt, und war sehr intensiv mit der Familie zusammen. Ich habe Großonkels und Tanten, Cousins und Cousinen noch mal ganz anders kennengelernt. Viele konnte ich nicht kennenlernen, weil die beim Militär waren auf unbestimmte Zeit oder weil sie geflohen sind. Und manche Jahrgänge gibt es in Eritrea gar nicht, weil es von 1998 bis 2000 noch mal einen opferreichen Grenzkrieg mit Äthiopien gab. Ich glaube, der Jahrgang 75 oder 76 ist in Eritrea komplett inexistent. Unvorstellbar.

Jedenfalls ist mir damals klar geworden, dass Heimat kein Ort ist, sondern dass Heimat Menschen sind. Das habe ich gefühlt bei meiner Großmutter, mit der ich irgendwie so eine Art Seelenverwandtschaft habe. Vom ersten Treffen an hatte ich das Gefühl, wir kennen uns schon immer. Und ich habe Gemeinsamkeiten mit meinem Großonkel entdeckt, den ich noch nie gesehen hatte – und ich hatte das Gefühl, ich schaue in den Spiegel. Ob das die Gesten sind, die Art und Weise, wie er schweigt, oder wie er nach unten guckt. Oder dies hier: Viele Leute haben mich immer wieder gefragt, warum ich nach dem Betreten eines Raums meine Jacke so spät oder gar nicht ausziehe. Und dann habe ich gesehen, wie mein Großvater vom Spazierengehen heimkam und dann auf der Couch saß und seinen Anorak noch anhatte. Irgendwann fragte ich meine Großmutter, warum der Großvater denn seine Jacke nicht ausziehe? Und sie guckte mich an, schwieg kurz und sagte: Weil er immer bereit ist, zu gehen. 16 Jahre Exil, Familie zurückgelassen, und dazu noch Lkw-Fahrer gewesen.

Mit dieser Erkenntnis, dass die Ortsbindung eigentlich fast irrelevant ist, weil es immer eine Sache zwischen Menschen ist, bin ich dann 2006 nach Deutschland zurückgeflogen. Wenn mich also jemand fragt, was denn mein Deutschland sei, dann stelle ich ihm Menschen vor, mit denen ich viel zu tun habe. Ich zeige ihm ein willkommenheißendes Deutschland. Ich würde ihm zeigen, wer meine Freunde sind, ich würde sagen, hey, guck mal, dessen Eltern kommen von da. Hey, die hier sind aus Bayern, leben aber jetzt in Berlin, die macht das, der macht jenes. Damit er checkt, dass das Deutschland, wie er es vielleicht aus irgendwelchen Geschichtsbüchern kennt, nicht das echte Deutschland von heute ist, sondern Geschichte. Als 1992 Rostock-Lichtenhagen passiert ist, hat uns die Familie aus der ganzen Welt angerufen, um zu erfahren, ob wir noch am Leben sind. Ob alles okay ist. Weil die dachten, dass das Deutschland ist. Meine Oma und die Tanten haben geheult am Telefon: Kommt sofort nach Rom zurück, sofort.

Rostock-Lichtenhagen
Im August 1992 belagerten Bewohner des Stadtteils tagelang eine Wohnunterkunft für Vietnamesen und steckten sie unter dem Applaus Tausender Schaulustiger schließlich in Brand. Feuerwehr und Polizei wurden von der gewalttätigen Menge vielfach behindert. Obwohl die

Vietnamesen mit knapper Not gerettet werden konnten, gilt das Ereignis als schlimmstes rassistisches Pogrom der Nachkriegszeit in Deutschland.

Mein Deutschland, das ist auf Konzerte gehen, vielleicht in Museen gehen, man schaut sich Galerien an; mittlerweile habe ich natürlich nicht nur Musiker als Freunde, sondern auch andere Künstler. Man schaut sich eine Ausstellung an und zeigt einfach nur: Hey, dieser Ort ist wahrscheinlich nicht perfekt, wie kein Ort auf dieser Welt, aber es ist ein großartiger Ort, um sich frei zu bewegen. Und ich würde ihm zeigen, wo ich essen gehe. Darüber definiert sich Heimat doch auch: Was isst man hier eigentlich? Wie esst ihr's? Wie bereitet ihr was zu?

CLAUDIA ROTH:

Wie schmeckt's? Wie riecht's?

FETSUM SEBHAT:

Genau. Also ist es zu süß, ist es zu salzig? Ladet ihr oft Leute nachhause ein? Isst man eher allein? Isst man viel auswärts oder eher zuhause?

CLAUDIA ROTH:

Ich habe viele Jahre lang gesagt, dass ich mit »Heimat« nichts anfangen kann – außer dass damit Freunde und Familie gemeint sind. Heute benutze ich den Begriff eher, um mir etwas anzueignen und es nicht den Falschen zu überlassen. Ein Beispiel: In meiner Kindheit definierte sich die Frage, wer dazugehört, auch über die Kleidung. Und wir haben bei uns auf dem bayerischen Dorf nie Tracht getragen. Meine Eltern hätten meine Schwestern und mich niemals in ein Dirndl gesteckt, weil das damals klar einer Geisteshaltung zugeordnet war, die wir ablehnten. Vor Jahren war es dann ein Akt der Emanzipation und der Aneignung für mich, in Bayern auf die Volksfeste zu gehen mit einem Dirndl. Aufs Oktoberfest zu gehen als Grüne im Dirndl. Das war die größtmögliche Provokation – da habe ich wirklich Sprüche gehört in Richtung »Die schamlose Person entweiht unser Heiligstes« und sowas.

Am Anfang war das auch durchaus ironisch und provokant gemeint. Ich habe überlegt, wie ich die Konservativen am meisten ärgern kann, und bin im Dirndl zum Christopher Street Day. Oder es gibt ein Wahlplakat von mir, da bin ich im Dirndl drauf. Da gab's grüne Kreisverbände, die haben gesagt, das hängen wir nicht auf. Das fand ich wirklich albern, schließlich hatte ich am Dirndl ein dickes Aids-Schleifchen dran und war umringt von Menschen buntester Vielfalt. Und drüber stand: »La deutsche Vita«. Mein Heimatbegriff war damit eigentlich klar.

Politisch drückt »Heimat« für mich inzwischen einen Anspruch aus. Die Heimat soll jeder und jedem die Sicherheit geben, dazuzugehören und gebraucht zu werden. Und deshalb ist das, was den Kaiser-Wilhelm-Deutschen von der AfD solche Ekelpickel verursacht, so wichtig: Multikulturalität und Multireligiösität. Wobei das ja eigentlich keine programmatischen Begriffe sind, die out oder in sind, sondern schlichte Beschreibungen des Deutschlands, wie es unter den Bedingungen der Globalisierung geworden ist. Gegen Multikulturalität zu sein ist ungefähr so sinnvoll, wie gegen das Wetter zu sein.

Nehmen wir mal Augsburg, meinen Wahlkreis. In dieser drittgrößten Stadt Bayerns leben Menschen aus 176 Nationen. Über 40 Prozent der Menschen in dieser Stadt haben eine Migrationsgeschichte; bei den Grundschulkindern sind es etwa 60 Prozent. Ich habe das Gefühl, dass die Landesregierung, die CSU, das gar nicht wahrnimmt. Über 20 Prozent der Augsburger haben immer noch nicht die deutsche Staatsbürgerschaft, das heißt aber auch: Um die 20 Prozent haben die deutsche Staatsbürgerschaft bekommen oder sind in Deutschland geboren. Darunter sind sicher auch viele mit doppelter Staatsangehörigkeit – aus gutem Grund. In einer globalisierten, eng vernetzten Welt, in der Menschen ihre Heimat verlassen müssen oder wollen, ist Mehrstaatlichkeit doch etwas ganz Logisches. Ich will doch nicht, dass jemand, dessen Großeltern aus Diyarbakir zum Beispiel kommen und für den diese Großeltern oder Eltern Teil der Biographie sind, gezwungen wird, diese biographische Wurzel abzuhacken. Wenn ich die Wurzeln abhacke, dann kommen keine Blätter mehr an den Baum, dann geht der Baum ein. Identität lässt sich nicht in Staatsgrenzen einmauern. Und wenn jetzt wieder davon gesprochen wird, niemand könne Diener zweier Herren sein, dann ist das für mich wie so ein Turbo: hundert Jahre zurück. Da kommt mir der Roman von Heinrich Mann in Erinnerung, »Der Untertan«, wo Diederich Heßling den Kotau macht vor dem Staat und seinem Herrscher. Ja, Entschuldigung, das ist nicht das demokratische Deutschland von heute. Ich bin als Bürgerin ganz bestimmt nicht Dienerin, sondern der demokratische Staat dient den Bürgern als Rahmen, in dem jeder in Freiheit selbstbestimmt leben kann. Ich bin also nicht loyal zum Staat, sondern ich bin loyal zum Grundgesetz, ich bin loyal zu den Menschenrechten und den Bürgerrechten. Und lieben tu ich meine Familie.

Der Staat muss heute der Rahmen sein, in dem sich die Vielfalt und die Unterschiedlichkeit der Menschen entfalten können. Dazu gehört die Anerkennung der Tatsache, dass wir ein Einwanderungsland sind, und die Öffnung für den Reichtum, den das bedeutet. Die Idee der Assimilation, also dieses »Du musst jetzt werden wie wir«, ist völlig veraltet. Ja, wie wer sollte eine Einwanderin denn werden? Es gibt ja nicht *das* Deutschland oder *den* Deutschen. Die Behauptung, es gebe *die eine* Leitkultur, die stimmt ja schon in Bayern nicht. Allein dort gibt es so viele Unterschiede zwischen den Schwaben, den Franken, den Oberbayern, den Oberpfälzern und, und, und. Deutschland ist ein sehr vielfältiges, ein sehr buntes Land, mit unterschiedlichsten regionalen, kulturellen, religiösen und sexuellen Identitäten und Perspektiven, und als wiedervereinigtes Land spüren wir die Vielfalt der Perspektiven und Erfahrungen doch ganz genau. Deshalb geht es nicht um Assimilation und Leitkultur, sondern um die Integration in den Rahmen, den unser Grundgesetz setzt und in dem die Einzigartigkeit jedes Menschen ihren Raum hat.

Der Artikel 1 unseres Grundgesetzes ist für mich der moralische Imperativ dieses Deutschlands. Er sagt: »Die Würde des Menschen ist unantastbar«. Was heißt das? Da steht nicht »die Würde des deutschen Menschen«, da steht nicht »die Würde des männlichen Menschen«, da steht nicht »die Würde des christlichen Menschen«, »die Würde des Heterosexuellen«, »die Würde des Weißen«, »die Würde des Jungen«, »die Würde des Nichtbehinderten«. Da steht: »Die Würde des Menschen ist unantastbar«. Und wenn das Deutschland ist, wenn das der Sound ist, wenn das die Melodie ist, wenn das die Überschrift ist, dann ist es ein gutes Deutschland. Dann ist es das Deutschland, wo ich mich zuhause fühle, wo ich leben möchte und wo ich sagen würde, dann ist Deutschland Heimat – wo ich gebraucht werde und wo ich dazugehöre. Wo jeder gebraucht wird und wo jeder dazugehört. Und wo wir nicht anfangen, Hierarchien zwischen Menschen erster, zweiter und dritter Klasse aufzustellen. Oder wo behauptet wird, wir seien das christliche Abendland. Ja, was heißt das denn für vier Millionen Muslime in unserem Land? Gehören sie nicht dazu, sind sie nur geduldet? Heißt das »Die Würde des Menschen ist unantastbar mit Ausnahme der Muslime«? Das geht nicht. Und was ist mit den syrischen Christen? Gehören die dazu oder gehören die nicht dazu? Oder du, Fetsum: Bist du christliches Abendland? Du bist zwar Christ, aber deine Mutter kommt nicht unbedingt aus dem Abendland.

Gegen die Ausgrenzung

FETSUM SEBHAT:

Worum es doch eigentlich immer geht, ist Identität und Identifikation. Und wenn man sich die aktuellen globalen Migrationsstatistiken, bedingt durch Krieg, Klimawandel und Wirtschaft, anschaut, wird das wahrscheinlich das große Thema des 21. Jahrhunderts sein. Die Frage, wo ich dazugehöre, also die Identitätsfindung, ist natürlich eine der Hauptsäulen auch meines Lebens – wie für viele Menschen mit einer Biographie wie meiner. Das Dazugehören-Wollen hat bewusst erst angefangen so ab dem 12., 13. Lebensjahr, weil ich dann natürlich auch körperlich größer wurde und diesen Kinder- und Welpenschutz nicht mehr so hatte. Ich erinnere mich, wie beim Fußballspielen auf einmal irgendwelche Eltern meinten, mich auf eine bestimmte Art und

Weise beleidigen zu müssen. Wenn ich heute daran zurückdenke ... mein Sohn ist fünf, und der fängt jetzt bald an, Fußball zu spielen. Was würde ich eigentlich machen, wenn irgendein anderer Vater schreit:»Ey, hau den Neger um!« Egal, wie gut erzogen ich bin, egal, wie pazifistisch ich bin – das könnte Stress geben. Weil ich diese Geisteshaltung einfach nicht verstehe. Und es ist eine Sache, wenn das jemand zu *mir* sagt. Ich kann die Emotion kontrollieren und kann weggehen. Aber in der Position des Vaters ... das ist eine andere Geschichte. Auch wenn man's oft selbst erlebt hat, ist man nicht notwendigerweise für jede Situation gewappnet. Dieses Zugehörigkeitsding hat sich dann so entwickelt. Ich erinnere mich, wie ich mit zwölf meine ersten eigenen Kassetten gekauft habe, das waren *Run DMC, Public Enemy, N.W.A, Eazy E*, da war Rap noch Protestmusik der schwarzen amerikanischen Arbeiterklasse. Weil ich gemerkt habe, dass ich halt nicht so aussehe wie die Jungs aus meiner Mannschaft oder aus der Schule und deshalb im Alltag auch andere Reaktionen erlebt habe. Das wollte ich dann auch durch meinen Musikgeschmack ausdrücken.

Zum Gefühl, anders zu sein und nicht dazuzugehören, trug übrigens nicht nur das dumpfe »Neger«-Gerede bei. Es gibt ja auch den positiven Rassismus – also solche, die es manchmal zu gut machen, weil sie es gut meinen. Die dann langsamer mit einem sprechen. Mein Religionslehrer in der 12. Klasse, der Herr Barth, hat mich in der ersten Stunde so betont langsam und deutlich gefragt:»Fet-sum, ver-ste-hen Sie mich?« Er meinte es natürlich nur nett. Aber ich dachte, Mensch, Herr Barth, ich wäre doch gar nicht hier, wenn ich Sie nicht verstehen würde. Ich habe natürlich auch profitiert, bei Klassenarbeiten, weil er die grundsätzlich besser bewertet hat. *(Lacht)*

Der erste Job, den meine Mutter bekommen hat, war eine Stelle beim US-Militär in Stuttgart, das hat sie acht Jahre lang gemacht. Und dadurch gab's immer diese Sehnsucht: Amerika. Deshalb auch meine frühe HipHop-Phase. Der African-American war natürlich in Deutschland was Besonderes – ganz anders als Afrikaner, die standen ganz unten in der sozialen Hierarchie. Deswegen habe ich immer versucht, möglichst amerikanisch zu sein, mich amerikanisch zu geben. Während meiner Identitätsfindung habe ich mich viel informiert, was den Kampf der African-Americans anging – mehr als über deutsche Themen. Und viele Dinge im Zusammenhang mit meiner italienischen Verbindung konnte ich in Deutschland mit niemandem besprechen – weder mit der eritreischen Diaspora noch mit meinen anderen Freunden, egal ob deutsch oder türkischstämmig oder was auch immer. Die haben mir das oft schlicht nicht geglaubt, was ich in Italien für ein anderes Leben kennengelernt hatte.

HipHop und Rap haben wir eigentlich als Schutzschild genutzt – und auch als gedankliche und emotionale Flucht. Und die Musik war eh cooler, das fanden dann auch alle anderen geil. Am Anfang wurde man natürlich verlacht, wenn man zum ersten Mal mit einer Baggy-Pant in die Schule kam, da hieß es immer: Zieh mal die Hose hoch, Junge, wie sieht denn das aus? Ich kann mich erinnern, als ich 14 war, haben sie das vom Rektorat aus verboten, mit den tiefer hängenden Hosen in die Schule zu kommen. HipHop hat einen cool gemacht.

Also, Amerika war sozusagen mein Schutzschild für Deutschland. Und so musste man sein, um cool zu sein, um nicht African zu sein. Das Schlimme ist ja, dass man schwarzen Amerikanern beigebracht hat in 400 Jahren, dass sie ihre Herkunft hassen – weil Afrika für nichts steht, was irgendwie begehrenswert ist.

Fatih Akin ist bis heute wahrscheinlich der einzige Regisseur in Deutschland, der mit Filmen wie KURZ UND SCHMERZLOS, GEGEN DIE WAND und AUF DER ANDEREN SEITE Themen auf die Leinwand gebracht hat, die erfolgreich an den Kinokassen waren und gleichzeitig authentisch eine neue deutsche Realität widergespiegelt haben.

Und spätestens seit dem durchschlagenden Erfolg von TEDDY COMEDYS ‚Integrationstest' auf Youtube hat man gemerkt, wie wichtig die Rolle von Kultur als Brücke und Dialoggestaltung einer sich wandelnden Gesellschaft ist. Es kommen jetzt endlich die Themen auf den Tisch, die uns betreffen, und es wird nicht mehr nur über uns gesprochen, sondern durch uns selbst reflektiert. So entsteht ein anderes Gefühl von diesem Deutschland, in dem wir leben. Dass ich jetzt hier sitze und mit dir spreche, Claudia, hätte es vor 15 Jahren oder zehn Jahren wahrscheinlich auch nicht gegeben.

Oder ich erinnere mich auch in den Achtzigern oder in den Neunzigern, wenn man als Typ seinen Kumpeln irgendwie Küsschen gegeben hatte, wie es in südlichen Ländern seit jeher üblich ist, das war ein Unding: Seid ihr schwul oder was? Und dann, Jahre später, hat sich das so normalisiert, jetzt geben sich alle in unserer Generation Küsschen. Oder das Kulinarische hier in Deutschland, wie sich das verändert hat in 30 Jahren! Was isst man heute ganz selbstverständlich? Man geht eben nicht mehr nur zum Italiener oder zum Griechen, man geht jetzt auch nicht pauschal »zum Asiaten«, man kann, vor allem in einer Großstadt wie Berlin, sagen, ob es ein koreanisches Restaurant ist oder ein vietnamesisches oder ein Thailänder.

Man kann Dinge benennen, man kennt den Unterschied, es ist nicht mehr so undifferenziert. All das zeigt ja, es findet eine Auseinandersetzung statt.

Mal eine kleine Anekdote dazu: Einer meiner Klassenkameraden ist in der Zehnten abgegangen und hat eine Ausbildung zum Polizisten gemacht. Anfang der Nullerjahre stand ich in Stuttgart mit einem ebenfalls dunkelhäutigen Freund auf der Straße und habe mich unterhalten. Plötzlich sehe ich im Augenwinkel zwei Polizisten auf uns zulaufen. Und mein Freund meinte sofort: »Fetsum, Negerjagd!« Denn in Stuttgart war es eine Zeit lang sehr schlimm. Mein Rekord war zwischen August und Oktober 2006, da wurde ich in der Innenstadt Stuttgart bei hellstem Tageslicht 18-mal kontrolliert, einfach so.

CLAUDIA ROTH:

Das ist übrigens verboten, diese verdachtsunabhängigen Kontrollen. Aber natürlich trotzdem Realität. Der Generalverdacht ist da.

FETSUM SEBHAT:

Die zwei Polizisten liefen auf uns zu und da sagt der eine so: Hey! Und wir drehen uns beide um und ich meine so: »Robert! Alles gut?« Das war halt mein ehemaliger Klassenkamerad. Und er so: »Und? Hast du wieder dein Kokain dabei?« Und dann ich so: »Ich hab schon alles verkauft, heute lief es gut.« Und er kommt und umarmt mich wie früher und klatscht mit mir ab. Die Gesichter seines Kollegen und meines Kumpels waren einfach filmreif. Und er weiter so: »Wie geht's deiner Mama? Alles cool? Sag ihr ganz liebe Grüße.« Und ich so: »Hey, grüß du mir die Melanie«, weil eine andere Klassenkameradin von uns dann seine Frau wurde.

Und das meine ich: Jetzt habe ich auf einmal Freunde, die bei der Polizei arbeiten, die Rechtsanwälte sind, die Ärzte sind, die eine eigene Werkstatt haben. Die Durchdringung und das Ankommen in der Gesellschaft hängen ja auch damit zusammen. Wenn ich heute eine rechtliche Frage habe, habe ich zehn Leute, die ich anrufen kann, die mit mir aufgewachsen oder die in meinem Bekanntenkreis sind und die als Anwälte in den verschiedensten Bereichen arbeiten. Das ist ein Anruf, der kostet mich nichts. Auch darin drückt sich ja aus, wie sehr man sich zugehörig fühlt, wie viel Zugang man hat zu einer Gesellschaft. Wenn meine Mutter vor 25 Jahren dieselbe Frage hatte, musste sie zu einem Anwalt gehen und dafür Geld bezahlen.

CLAUDIA ROTH:

Und es ist so wichtig, dass der Staat die Zusammensetzung der Gesellschaft abbildet, die ihn trägt. Gerade da, wo er für den Bürger sichtbar wird.

FETSUM SEBHAT:

Ganz genau! Wann hat Angela Merkel ganz erstaunt festgestellt, dass in der deutschen Polizei ja viel zu wenig Menschen mit Migrationshintergrund seien? War das im Rahmen des NSU-Prozesses? Jedenfalls ist es nicht lange her, und ich dachte ...

CLAUDIA ROTH:

… Guten Morgen!

FETSUM SEBHAT:

Zugehörigkeit bedeutet übrigens auch, dass der Zugang zu Bildung so gerecht wie möglich geregelt ist, unabhängig vom Geldbeutel. Denn obwohl wir die allgemeinen Studiengebühren in allen Bundesländern wieder los sind …

CLAUDIA ROTH:

… ist die Herkunft immer noch entscheidend.

FETSUM SEBHAT:

Im Vergleich zu den USA ist der Zugang zu Bildung für jemanden mit wenig Geld in Deutschland immer noch besser, wenn ich es mal ganz stark pauschalisiere. Dafür hat man es in den USA leichter, wenn man geflohen ist und kein Zeugnis hat, aber etwas kann. Dann kann man das in den USA durch eine unkomplizierte Prüfung beweisen, und wenn man da die notwendigen Punkte erreicht, kann man an dem betreffenden College studieren. Das geht bei uns bis heute nicht. Hier muss man, etwa als ausgebildeter Zahnarzt, sein Zeugnis nicht nur vorlegen, sondern man muss auch von der deutschen Botschaft im Herkunftsland bestätigen lassen, dass es beispielsweise die Universität Damaskus wirklich gibt. Die gibt es natürlich – aber was es nicht mehr gibt, ist die deutsche Botschaft in Syrien. Und dann ist erst mal Sackgasse. Das ist eine ganz große Schwäche, weil man viel Potenzial verschenkt – abgesehen natürlich vom Frust der teilweise hochqualifizierten Flüchtlinge, die dann hier als Taxifahrer arbeiten. Ein effizienteres Integrationshindernis könnte sich auch die AfD nicht ausdenken.

Aus der Generation meiner Mutter sind viele Leute zeitgleich mit uns in angelsächsische Staaten geflohen, nach Kanada, USA, England. Und davon haben prozentual viel mehr Leute innerhalb der ersten Generation studiert. Natürlich mussten sie gleichzeitig arbeiten, das ging dann über puren Leistungswillen. Aber die Durchlässigkeit der Gesellschaft war da. Also: Der starke Staat muss erkennen und fördern, wenn jemand etwas leisten und beitragen will. In Südeuropa war es übrigens noch schlimmer als bei uns. Da arbeiteten dann halt 90 Prozent der eritreischen Frauen als Putzkräfte.

CLAUDIA ROTH:

Und wir brauchen verdammt noch mal eine interkulturelle Öffnung.

FETSUM SEBHAT:

Genau. Damit die ganzen hochqualifizierten Doktoren und Professoren hier in Berlin nicht in der Spülküche stehen. Wenn ich lese, wie oft immer noch der Vorname ausschlaggebend ist bei der Benotung, wie oft Kinder aus anderen Kulturkreisen keine Chance haben. Aus meiner Klasse kam fast keiner mit Migrationsgeschichte direkt aufs Gymnasium, auch wenn sie den nötigen Durchschnitt hatten.

Aber wir haben auch diese Ungleichzeitigkeit in Deutschland. In Großstädten ist es mittlerweile ganz okay, wie gesagt. Aber wenn ich mit meiner Familie zum Baden an den Scharmützelsee in Brandenburg fahre, keine 40 Kilometer von Berlin entfernt, ist es genau dasselbe Gefühl, wie in den Achtzigern um Stuttgart herum an einen See zu fahren. Und das ist nicht so ein Gucken, dass man dann sagt, okay, man guckt zurück und die gucken dann weg. Nein, die starren einen permanent an. Wie im Zoo. Also fangen wir an, überdeutlich Deutsch zu sprechen. Das ist ein Reaktionsschema. Aber wenn ich mich dabei ertappe, denke ich, hey, sorry – wie kann das sein, dass ich mich so demonstrativ als »guter deutscher Bürger« präsentieren muss, als hätte ich was ausgefressen? Vor meinem eigenen Sohn?

Auch wenn ich auf Konzerten bin, auf dem Land, auf irgendwelchen Stadtfesten zum Beispiel, habe ich immer das Gefühl, ich muss den Leuten noch Sachen erklären, die in der Stadt längst geklärt sind. Also hier ist nicht Roberto Blanco mit »Ein bisschen Spaß muss sein«. Und immer lachend – bloß keine kritische Bemerkung.

Vor fünf Jahren saß ich mit zwei, drei Freunden zusammen, die alle eritreischstämmig sind, die alle im Schwabenland aufgewachsen sind, die alle Akademiker sind. Und einer unserer Freunde, nennen wir ihn Tim, suchte seit vier Jahren eine Stelle. Er war hochqualifiziert, aber seit vier Jahren arbeitslos, weil er mit seiner Arbeitserfahrung eigentlich nur Vertriebschef werden konnte. Er war in unzähligen Gesprächen und Bewerbungen immer unter den letzten Drei gewesen – und hat die Stelle nie bekommen. Jetzt kann man ja sagen, andere Menschen müssen sich auch viel bewerben, das ist jetzt erst mal nicht das Thema. Aber wir haben gesagt, schau mal Tim, du bist dunkelhäutig, und wenn du in einem mittelständischen Unternehmen der Vertriebschef bist, bist du auch das Gesicht nach draußen.

Die Frage ist, fühlt sich dieses Unternehmen von dir repräsentiert? Weil die Frage ist ja, was ist ihre Zielgruppe? Selbst wenn der Geschäftsführer sagt, hey, Superqualifikation, ich finde dich tierisch, dann bespricht er das intern vielleicht mit den Inhabern oder mit dem Rest der Truppe, und dann sagen sie, ja, schwierig, du weißt ja, wenn wir 80 Prozent unserer Kundschaft auf dem Land haben, wenn das dann der Vertriebschef ist ...

CLAUDIA ROTH:

Stell dir mal vor, es wäre eine schwarze Frau. Null Chance. Und was ist aus Tim geworden?

FETSUM SEBHAT:

Tim ist jetzt Vertriebschef. Internetfirma. Das heißt, eine komplett andere Kultur. International.

Für uns stellt sich eben immer wieder diese Frage, die auch in Amerika lange diskutiert wurde: *How can you make it?* Eigentlich geht das fast nur über Selbstständigkeit, über Sport oder über Kultur. Und selbst dabei ist es so, dass du dich auf eine bestimmte Art und Weise präsentieren musst, wenn du auf breiter Ebene Erfolg haben willst. Stichwort Roberto Blanco.

Du musst dem Otto Normalverbraucher, wer auch immer das ist, zugänglich sein. Und dazu kommen die Klischees: schwarz gleich Sänger. Das ist so eine eindeutige Box.

Das einzige Land, in dem ich nicht gefragt wurde, woher ich komme, ist übrigens Brasilien. In Afrika ist da immer diese Frage, auch in Amerika, und in Europa sowieso.

In Brasilien war ich zwei Wochen, und nur, wenn die Menschen gemerkt haben, dass ich kein Portugiesisch spreche, haben sie gefragt, hey, woher kommst du? Wir waren zu viert dort. Mavie, halb Deutsche aus München; Nick, halb Russe, halb Kroate aus Stuttgart; Valerio, halb Rumäne, halb Italiener aus Stuttgart, und ich. Eindeutiger Schwabe. Wir sind in Brasilien und niemand von uns wurde als Fremder behandelt. Klar, Brasilien hat genügend Probleme – am dritten Tag bin ich ausgeraubt worden, an der Copacabana, mit vorgehaltener Knarre. Und trotzdem habe ich mich da wohlgefühlt, weil es der krasseste Ort war, an dem ich persönlich war, mit der heftigsten Mischung an Menschen: afrikanisch, Indio, japanisch, chinesisch und europäisch. Und ich war durch die Musik dort und habe die Menschen eh noch mal anders kennengelernt. Und jeder, der dort hinkommt, ist innerhalb einer Generation Brasilianer – egal ob Chinese, Senegalese oder Norweger. Dadurch, dass er dort hinkommt, ist er Brasilianer. Sprichst du Portugiesisch, bist du Brasilianer. Da stehen keine jahrhundertelangen Rangordnungen im Weg.

Dieses Lebensgefühl war sehr erholsam für mich. Klar gibt's da auch viele Probleme, mit denen wir hier zum Glück so nicht konfrontiert sind. Aber da gibt es so ein Lebensgefühl, das den Identifikationsprozess innerhalb der ersten Generation erleichtert. Es mag verklärt klingen, aber ich wünsche mir das auch für uns hier in Deutschland. Ich möchte meinen Freunden aus aller Welt zeigen können, dass Deutschland ein toller Ort ist. Ein Land, das in seiner Außenwirkung im 21. Jahrhundert für etwas ganz anderes steht als vielleicht noch im letzten.

CLAUDIA ROTH:

Aber ein Ort mit Nachholbedarf, wenn ich höre, was du von Brasilien erzählst oder aus den USA. Bei uns brauchst du ewig, um als Deutsche oder Deutscher zu gelten. Und wir kleben immer noch am Blutrecht, statt uns konsequent auf das moderne *ius soli* (»Bodenrecht«) einzulassen: Wer hier geboren wird, ist Deutscher. Punkt. Mir ist unbegreiflich, wie ein Land, das permanent über Bevölkerungsrückgang spricht, sich diesem Prinzip so versperren kann. Da braucht es eine viel größere Offenheit. Und die Schikane endet ja nicht, wenn man den deutschen Pass hat. Wenn mir ein junger Berliner mit Tränen in den Augen seinen Pass hinhält und sagt, ich bin doch Deutscher, ich bin doch Deutscher, warum werde nur ich immer kontrolliert auf der Straße? Ich bin doch Deutscher. Wie erklär ich ihm, dass es seine Hautfarbe ist und nicht der Pass? Die Hautfarbe und der Name sind nach wie vor entscheidend bei uns dafür, ob eine Tür aufgeht oder verrammelt wird. Ob man eine Wohnung kriegt, ob man einen Ausbildungsplatz kriegt, entscheidet sich oft in dem Moment, in dem man seinen Namen sagt. Diese Diskriminierung muss überwunden werden. Denn wenn junge Leute, die Murat, Ekin oder Mustafa heißen, x-mal abgelehnt werden, dann haben sie das Gefühl, ey, die wollen mich nicht, dann will ich die eben auch nicht.

Du hast es beschrieben, Fetsum: Du bist ein selbstbewusster Mensch, ein erfolgreicher Mensch, aber du musst dich permanent beweisen, und du musst permanent Vorbild sein, damit dieser Generalverdacht überwunden wird, der Menschen aufgrund ihrer Religion oder ihrer Hautfarbe trifft. Musst du nicht immer doppelt liefern, als Vorreiter?

FETSUM SEBHAT:

Doch. Und das ist auch eine Belastung. Es ist Unfreiheit. Es ist Teil meiner Identität, immer zeigen zu müssen, dass ich nicht der böse schwarze Mann bin. Beim Zivildienst habe ich breitestes Schwäbisch gesprochen mit den Witwen, denen ich Essen ausgeliefert habe. Am Anfang waren die ganz verängstigt, wenn sie mich sahen. Nach zwei Wochen war ich der Zivi, der am meisten Trinkgeld ever bekommen hat. Aber es musste erst mal eine Vertrauensbasis, eine Begegnung entstehen.

Auch relative Armut ist absolut schlimm

CLAUDIA ROTH:

Das Problem der fehlenden Chancengleichheit trifft ja nicht nur Menschen mit Migrationshintergrund. Eine noch größere Rolle spielt die soziale Herkunft.

FETSUM SEBHAT:

Ich habe irgendwann mal eine Statistik gelesen, dass in Deutschland 80 Prozent der Menschen innerhalb ihrer sozialen Schicht heiraten. Das heißt, auch ganz unabhängig von Migrationsgeschichte gehört in Deutschland nicht jeder dazu, weil wir immer noch eine Klassengesellschaft sind. Arbeiterklasse bleibt Arbeiterklasse, Mittelklasse bleibt Mittelklasse und so weiter. Wir zeigen ja immer mit dem Finger auf die elitäre Gesellschaft in Frankreich, aber bei uns ist es letztlich genauso. Und das hat ganz handfeste und skandalöse Folgen, zum Beispiel für die Lebenschancen von Kindern. Und die ethnische Herkunft wirkt dann oft noch verstärkend.

CLAUDIA ROTH:

Die Kinderrechtskonvention der Vereinten Nationen sagt dazu ja das Notwendige. Sie stellt fest, dass das Kind ein Subjekt mit eigenen Rechten ist und kein Anhängsel oder gar Eigentum der Eltern. Eine wunderbare Idee! Man kann Kindern ganz früh dieses Bewusstsein und dieses Selbstbewusstsein mitgeben: Auch wenn du ein junger Mensch bist, hast du Rechte. Die Kinderrechtskonvention sagt, dass Kinder unabhängig von ihrer Herkunft ein Recht auf Bildung haben – und das Recht, gewaltfrei aufzuwachsen.

Und jetzt haben wir hier in unserem reichen Land, einem der reichsten Länder der Welt, dennoch enorme Kinderarmut. Die Herkunft entscheidet bei uns stärker als anderswo über den Zugang zu Bildung und damit über die Lebenschancen. Zwei Millionen Kinder im superreichen Deutschland wachsen nach jüngsten Erhebungen in Armut auf. Natürlich bedeutet Armut hier nicht dasselbe wie in Bangladesch oder im Sudan oder wie noch bei uns im 19. Jahrhundert. Wir haben ja einen relativen Armutsbegriff.

Aber auch relative Armut ist für Kinder absolut schlimm. Natürlich kann man sagen, es verhungert ja niemand. Aber das hilft dem Kind nicht, das ohne Frühstück in die Schule kommt, das oft auch eine Armut an Kommunikation, an sozialer Teilhabe erlebt. Da gibt es eine regelrechte Verelendung. Wenn mir

Armutsbegriff

Zu unterscheiden ist zwischen verschiedenen Formen von Armut: **Objektive** oder **existenzielle Armut** meint, dass einzelne Personen, Gruppen oder Teile der Bevölkerung nicht in der Lage sind, ihr Existenzminimum aus eigener Kraft zu sichern. Im Klartext: Sie haben Hunger und kein Dach über dem Kopf, keinen Zugang zu medizinischer Versorgung etc. Ihre physische Existenz ist bedroht.

Demgegenüber bedeutet die **relative Armut** oder **Einkommensarmut** das Unterschreiten eines »sozio-kulturellen« Existenzminimums. Die betroffenen Menschen können nicht oder nicht vollständig am gesellschaftlichen Leben teilhaben. In Deutschland gilt eine Person als relativ gesehen arm, wenn das verfügbare Haushaltseinkommen bei weniger als der Hälfte des Durchschnittseinkommens liegt. Um die Ausgrenzung von Teilen der Bevölkerung zu erfassen, ist ein auf die jeweilige Gesellschaft und ihr Durchschnittseinkommen bezogener Indikator sinnvoll, solange man den Unterschied zu absoluter Armut und Verelendung deutlich macht.

Ab einem Einkommen von unter 60 Prozent des Durchschnitts spricht man von **Armutsgefährdung** oder **Armutsnähe**. 2014 lag das Einkommen, unterhalb dessen man in Deutschland von Armutsgefährdung spricht, laut Armutsbericht des Paritätischen Wohlfahrtsverbands für eine Einzelperson bei ca. 917 Euro und bei zwei Erwachsenen mit zwei Kindern bei etwa 2 000 Euro.

Betroffen sind insbesondere Obdachlose, Langzeit-arbeitslose, kinderreiche Familien, Alleinerziehende, Menschen ohne abgeschlossene Ausbildung, Menschen mit Behinderung und ältere Menschen mit geringer Rente.

ein Schuldirektor zum Beispiel sagt, Frau Roth, wir haben jetzt in der 1. Klasse eingeführt, dass wir den Kindern in der ersten Stunde zeigen, wie man sich wäscht. Wir haben jetzt kleine Waschräume eingerichtet, wo die Kinder gewaschen werden, wo sie Zähne putzen lernen. Und das passiert im reichen Bayern. Für Kinder ist auch diese sogenannten relative Armut schrecklich – wenn sie keine Ausflüge mitmachen können, wenn sie nicht diese normierten Klamotten haben und deshalb nicht dazugehören. Manches von dieser Verwahrlosung hat nicht direkt mit Geld zu tun, aber es ist sicher kein Zufall, dass es vor allem dort vorkommt, wo die Eltern selbst aus materiellen Gründen oder wegen mangelnder Bildung nur eingeschränkt teilhaben können an der Gesellschaft.

Ganz oft trifft diese Armut alleinerziehende Mütter und ihre Kinder. Die können sich abstrampeln, wie sie wollen – es fehlt einfach an vielen Stellen die Infrastruktur, die es ermöglichen würde, dass das Kind gut versorgt ist, während die Mutter ein anständiges Einkommen erarbeitet. Bei der Kinderbetreuung haben wir nach wie vor einen riesengroßen Nachholbedarf. Gerade in Ballungsräumen gibt es zu wenig Plätze und zu wenig Personal, das darüber hinaus auch noch schlecht bezahlt wird.

Zu einem demokratischen und sozialen Bundesstaat, der wir laut Artikel 20 des Grundgesetzes sind, gehört Verteilungsgerechtigkeit, gehört das Bewusstsein, dass es auch den Reichen auf Dauer nur dann gut gehen kann, wenn alle ein auskömmliches Leben haben. Gemeinwohl bedeutet, dass für jeden ein selbstbestimmtes Leben in Würde möglich sein muss, was am Ende ja allen dient. Und deshalb müssen die starken Schultern auch entsprechend ihren Anteil am Gemeinwohl erbringen. Es ärgert mich wahnsinnig, wenn gerade diejenigen, die es sich leisten können, ihren Reichtum künstlich kleinrechnen oder ins Ausland schaffen, um sich hier nicht am Gemeinwohl beteiligen zu müssen. Obwohl ja auch gerade sie davon profitieren.

Zum Gemeinwohl gehört zum Beispiel der soziale Wohnungsbau, der in Zeiten des Privatisierungswahns völlig vernachlässigt wurde. Und dazu gehört auch gute Bildung. Wenn du dir anguckst, wie wenige Kinder aus sozial schwächeren oder marginalisierten Familien überhaupt die Möglichkeit haben, an die Uni zu gehen, dann ist das für mich ganz klar ein Fall von Politikversagen. Hier müssen wir dringend mehr tun.

FETSUM SEBHAT:

Claudia, diese Forderung, dass alle Kinder dieselben Chancen auf Teilhabe bekommen sollten, würden doch sicher fast alle unterschreiben. Aber warum passiert denn dann nichts? Woran scheitert das? Liegt das jenseits des Einflussbereichs von Politik?

CLAUDIA ROTH:

Nein, das ist der unmittelbare Einflussbereich der Politik. Wenn jetzt angesichts der Milliardenüberschüsse im Haushalt großzügig angekündigt wird, dass das Kindergeld erhöht wird, und dann fragst du nach, um wie viel, und es heißt: um zwei Euro – das könnte man dann auch als Veralberung bezeichnen. Jedenfalls lässt es nicht erkennen, dass das Problem der Kinderarmut wirklich ernstgenommen wird.

Und ich finde es auch vollkommen unverständlich, dass gerade jetzt die Hartz-IV-Sanktionen verschärft werden. In einer Zeit, in der viele Geflüchtete zu uns kommen und in der manche Menschen, aufgehetzt durch Pegida und AfD, die Befürchtung haben, dass die Geflüchteten üppige Geschenke bekommen und ihnen selbst deswegen etwas weggenommen werden könnte. In einer solchen Situation die Sanktionen zu verschärfen, ist doch völlig unverständlich. Richtig wäre es dagegen, jetzt die Hartz-IV-Sätze deutlich zu erhöhen, um dieser Spaltung entgegenzuwirken. Und zwar großzügiger als die angekündigten 5 Euro pro Monat.

Stattdessen wird eine Rentenreform gemacht, die nur der klassischen Familie hilft, mit dem Ehemann und Vater, der 45 Jahre lang arbeitet – das alte SPD-Klientel. Das hat aber nichts mit flexibilisierter Arbeitswelt zu tun, das hat nichts mit Frauenerwerbsleben zu tun, und das hat auch nichts mit der Situation von Alleinstehenden zu tun.

FETSUM SEBHAT:

Richard David Precht hat kürzlich vorgeschlagen, das Kindergeld an das Gehalt zu koppeln. Er sagt, ich bin relativ gut versorgt, ich brauche kein Kindergeld. Und viele andere Menschen in Deutschland brauchen das auch nicht.

Die Hartz-Gesetzgebung

Ende der 1990er und zu Beginn der 2000er Jahre galt Deutschland – nach 16 Jahren der Kanzlerschaft von Helmut Kohl (CDU) – als wirtschaftlich unbeweglich und als »kranker Mann Europas«. Eine verfestigte Arbeitslosenzahl von über vier Millionen mündete in das Schlagwort vom »Reformstau«; die öffentliche Meinung wurde beherrscht von neoliberalen Ideen wie Deregulierung, Privatisierung und Rückzug des Staates aus gesellschaftlichen Aufgaben.

Unter der rot-grünen Regierung von Gerhard Schröder (SPD) wurde von 2003 bis 2005 die »Agenda 2010« in mehrere Gesetze gegossen, die insbesondere der Reform des Arbeitsmarkts und des Sozialstaates galten und die nach dem Vorsitzenden der von Schröder eingesetzten Kommission, dem damaligen VW-Personalvorstand Peter Hartz, als »Hartz-Gesetze« bezeichnet werden.

Eine der Zielsetzungen war es, die Arbeitslosenstatistik zu »bereinigen« – von den Agenturen für Arbeit sollten nur noch diejenigen betreut werden, die tatsächlich – zumindest theoretisch – für den Arbeitsmarkt zur Verfügung stehen. Ein anderes Ziel war das Einsparen staatlicher Mittel und die Begrenzung der Beiträge zur Arbeitslosenversicherung im Interesse der Arbeitgeber und Arbeitnehmer. Zentrale Maßnahmen waren:

- der Wegfall der (einkommensabhängigen) Arbeitslosenhilfe, die bis 2004 nach dem Auslaufen des Arbeitslosengeldes gezahlt wurde

- das Ersetzen der Arbeitslosenhilfe durch das deutlich niedrigere »Arbeitslosengeld II« (ALG II, häufig auch als »Hartz IV« bezeichnet), das lediglich der Sicherung des Existenzminimums dient
- die Verkürzung der Bezugsdauer des Arbeitslosengelds auf 12 bzw. (für Menschen über 55 Jahre) 18 Monate
- schärfere Auflagen, Kontrollen, Zumutbarkeitsregeln und Sanktionen für die Empfänger sozialer Leistungen unter der Parole »Fördern und Fordern«
- die »Liberalisierung« des Arbeitsmarkts, also mehr Möglichkeiten der Beschäftigung unter Tariflohn, Ausweitung der Zeitarbeit etc.
- die Ausweitung von Weiterbildungsmöglichkeiten
- die Förderung der Selbstständigkeit durch »Ich-AGs«, Gründungszuschüsse etc. als (oft prekäre) Alternative zur Langzeitarbeitslosigkeit.

Politisch führten die Hartz-Gesetze zu erheblichen Kontroversen und Verwerfungen. Die SPD verlor bei ihrer Stammwählerschaft, den Arbeitern, massiv an Vertrauen und Zustimmung. Die vorgezogenen Neuwahlen von 2005 mit dem Sieg der Union unter Angela Merkel waren ebenso eine Folge der »Agenda 2010« wie die Gründung der WASG, die später mit der PDS zur Linkspartei fusionierte.

Kritisiert werden die Hartz-Maßnahmen unter anderem wegen des Ansatzes, die Leistungsbezieher zu disziplinieren und bereits bei kleinen Verstößen oder Versäumnissen mit Kürzungen zu bestrafen. Diese Sanktionen sowie die lückenlose Kontrolle aller wirtschaftlichen Angelegenheiten werden häufig als demütigend beschrieben.

Ab 2006 erholte sich die deutsche Wirtschaft. In der Öffentlichkeit wurde und wird dies unter anderem auch den Reformen der Agenda 2010 zugeschrieben – wie auch die schrittweise Reduzierung der Arbeitslosigkeit von 11,7 Prozent (2005) auf 6,3 Prozent (2016). Gleichzeitig zeigt die Vertiefung der Kluft zwischen Armen und Reichen sowie die gestiegene Zahl der in Armut lebenden oder von Armut bedrohten Menschen, dass die unteren Einkommensschichten nicht von der verbesserten wirtschaftlichen Gesamtsituation profitieren.

Damit würden wir einige Milliarden sparen, die wir ins Bildungssystem stecken oder direkt gegen die Kinderarmut einsetzen könnten. Das ist ein ganz konkreter Vorschlag. Fand ich gut.

Leider interessieren solche Fragen aber viele meiner Kollegen nicht. Vor allem die jüngeren nicht. Wir haben kaum noch Künstler, die gesellschaftliche Themen aufgreifen und ihre Popularität nutzen, um Haltung zu zeigen. Die Musikszene ist inzwischen komplett den Marktgesetzen unterworfen. Und wir sind in diesen Breitengraden auch schon seit sehr langer Zeit relativ weich gepudert. Man kann Dinge eben sehr gut ignorieren. Ich glaube, die Zeit, in der du aufgewachsen bist, Claudia, war anders als jetzt. Jetzt haben wir seit zwei, drei Generationen Wohlstand.

Also wirklich eklatante Armut kennt man hier nicht –
auch wenn ich dir beim Thema Kinderarmut vollkommen
zustimme, dass das ein Skandal ist und dass es Kindern
nichts hilft, wenn ihr Ausgeschlossensein nur »relative
Armut« bedeutet. Aber ich kenne es aus meinem erwei-
terten Bekanntenkreis, dass sehr früh angefangen wird,
zu lamentieren: Wir haben kein Geld. Das sagen Leute,
die zweimal im Jahr in Urlaub fahren, natürlich eine
Wohnung haben, zwei Fernseher haben, regelmäßig essen gehen. Also: »kein Geld« ist sehr relativ. Und das Bedürfnis, größere Themen anzugehen, ist nicht so da. Ich
nenne das manchmal »Wohlstandsarroganz«. Wie es die
Eagles gesagt haben: »Some dance to remember, some
dance to forget«. Wir sind gerade eher im Zustand von
»Some dance to forget«. Wir wissen oft gar nicht mehr,
wie gut es uns geht.

Statussymbole sind heute gefühlt wichtiger denn je.
Und der Antrieb für junge Menschen, die mit Hilfe der
Musik versuchen, aus ihrer sozial schwachen Herkunft
auszubrechen, ist oft einfach nur Cash-making. Populär
um jeden Preis, und am besten mit 25 einen Lambo fahren
oder einen Porsche. Was zeigt uns denn ein Lamborghini?
Oder eine Rolex für 24000 Euro? Leute, die einen bestimmten Blick auf eine Gesellschaft haben könnten und
die sich durch Kunst äußern könnten, tun es nicht mehr,
weil das keinen Erfolg bringen würde. Jetzt ist es gerade
sehr chic, notfalls alles zu machen, um zu Reichtum zu
kommen. Junge Fußballer spielen dieses Spiel ja auch
mit. Und dank Social Media multipliziert sich das ja heute
auf eine ganz andere Art und Weise als früher. Wer seinen
Lifestyle feiert, erreicht ja, gerade über die Musik und den
Sport, alle Kids. Und wenn die sagen, boah, der fährt

Bentley, so will ich auch mal werden. Also ich bin mir sicher, in den 80er Jahren hätte ich nicht mitbekommen, was für ein Auto der Guido Buchwald fährt. Internet gab's nicht, im Fernsehen kam sowas nicht, und für ein *Bravo*-Porträt war Buchwald wahrscheinlich zu wenig hip. Und es gab auch mehr Leute, die einfach nur gesagt hätten, was für ein Wichser, wenn da jemand mit seinem teuren Auto geprotzt hätte.

Heute gehört Erfolg im Sport und in der Musik mit finanziellem Erfolg zusammen, das wird so vermarktet. Daran bemisst sich, wer Deals bekommt und wer nicht. Wer große Sponsorenverträge bekommt und wer nicht.

CLAUDIA ROTH:

Wer ist vermarktbar?

FETSUM SEBHAT:

Jemand, der erfolgreich ist natürlich und das aber auch zeigt. Und es zählt, ob du viele Follower auf Facebook, auf Instagram hast. Letztes Jahr hat zum Beispiel eine Agentur angefragt, für die nächste Werbekampagne eines Konsumgüterherstellers, die brauchten sechs Testimonials aus Sport und Kultur. Wichtig war, dass die mindestens 200 000 Instagram-Fans und 100 000 Follower auf Facebook hatten. Und die geizen dann auch nicht, weil Fakt ist, dass das Geld für diese sechs Testimonials nur ein Bruchteil dessen ist, was sie für eine Fernsehkampagne zahlen müssten, bei mindestens gleicher Reichweite in der relevanten Zielgruppe, aber trotzdem für jeden Einzelnen dieser sechs ein Haufen Geld ist.

Wenn du auf einmal sechsstellige Beträge angeboten bekommst dafür, dass du drei Posts machst, dann weißt du: Hey, das ganze irgendwie gesellschaftskritische, politische Zeug, was ich hier versucht habe, mit dem letzten Album auszusagen – vergiss das mal. Jetzt muss ich mal hier auf Kim Kardashian machen. Was macht Kim Kardashian eigentlich? Nichts. Sich selbst vermarkten. Hatten wir in Deutschland ja auch eine Zeit lang mit Leuten, Frau Pooth oder Jenny Elvers oder jetzt Frau Katzenberger, wo man sagt, was machen die eigentlich? Nichts. Die existieren einfach nur. Ist ja alles okay, das soll's auch geben. Aber die, die in der populären Musik eine kritische Perspektive auf die Dinge haben, kriegen nicht dieselbe Öffentlichkeit – sei es über die Plattenfirma, sei es über die Agenturen etc. Oder du schaffst es tatsächlich, eine internationale Relevanz zu bekommen als Indie-Künstler, und schaffst es zu überleben mit deinen Messages, weil du eine größere Reichweite hast über die Länder, die du erreichst. Wenn du dir eine Relevanz über 10 oder 15 oder 20 Länder erarbeitest und so genügend Einkommen hast über die Live-Gigs, dann kannst du auch gesellschaftliche Missstände kommentieren. Dann hast du aber wahrscheinlich nur 50 000, die dir folgen, und nicht 750 000.

Der Traum, finanziell erfolgreich zu sein, ist heute stärker denn je. Offenbar denken viele, dass man seine Wertigkeit innerhalb einer Gesellschaft nur so darstellen kann.

Leitkultur

Die Diskussion über den Begriff »(deutsche) Leitkultur« fand erstmals Anfang der 2000er Jahre statt. Er prägte die integrationspolitische Debatte und spiegelt die Auseinandersetzung innerhalb des konservativen Lagers über die Frage, ob man sich mit der Tatsache abzufinden habe, dass Deutschland ein Einwanderungsland ist, und wie man sich gegen die *Neue Rechte* positionieren könne. Die Diskussion hat sich mit dem Aufstieg der rechtspopulistischen AfD und ihrer Öffnung für rechtsradikale Wählerschichten verschärft.

Der Begriff der »Leitkultur« wurde von dem Politikwissenschaftler Bassam Tibi (*1944) geprägt – wobei er keine speziell deutschen »Kernwerte« im Auge hatte, sondern europäische: Demokratie, Laizismus, Aufklärung, Menschenrechte und Zivilgesellschaft. Der damalige CDU/CSU-Fraktionsvorsitzende Friedrich Merz griff den Begriff im Jahr 2000 auf, veränderte ihn aber zu einer »freiheitlich-demokratischen deutschen Leitkultur« und brachte ihn – entgegen den Intentionen Bassam Tibis – gegen den »Multikulturalismus« in Stellung. Der Philosoph Jürgen Habermas merkte damals an, dass eine so verstandene Leitkultur sich nicht mit einem demokratischen Gemeinwesen vereinbaren lasse. Im Herbst 2016 bezogen die CSU und die sächsische CDU den Begriff »deutsche Leitkultur« unter anderem auf »Heimat, werthaltigen Patriotismus und Stolz auf unsere Nation«, ein »abendländisches Wertefundament«, den »selbstverständlichen Gebrauch der deutschen Sprache«, »vertraute Umgangsformen« sowie Nationalhymne und -flagge und »deutsche Interessen«, aber auch »Gleichberechtigung«, »Solidarität« und »freiheitliche demokratische Grundordnung«. Dies wurde vielfach als vergeblicher Versuch bewertet, die ungeschriebenen und in ständigem Wandel befindlichen Regeln des Zusammenlebens in Deutschland in eine Art Anleitung zu verwandeln, an die Zuwanderer sich zu halten hätten.

Was gehört zur deutschen Geschichte?

CLAUDIA ROTH:

Fetsum, du bist ein Stuttgarter, ich bin in Ulm geboren, wir sind also beide Schwaben – das heißt für mich, deine Geschichte ist auch meine Geschichte. Die Geschichte deiner Mutter, die mit 14 in den Krieg geht in Eritrea, das ist ja Teil deiner Biographie als Deutscher – genauso wie die Geschichte meines Vaters, der 1943, nach dem Abi, in den Krieg musste. Aber nur seine Geschichte ist als deutsche Geschichte anerkannt.

Man verlangt zu Recht, dass auch Migranten die NS-Geschichte kennen müssen, weil es ein Teil ihrer Heimat Deutschland ist und man so auch versteht, welches besondere Verhältnis Deutschland zu Israel hat.

Das ist auch Teil ihrer Geschichte, wenn sie in Deutschland leben, wenn sie Deutsche sind. Cem Özdemir sagt immer: Meine Eltern kommen zwar aus der Türkei, aber ich bin Deutscher, also ist das auch meine Geschichte.

Aber dann muss auch das, was du hier erzählt hast, Fetsum – der Befreiungskrieg, die Flucht, Kairo, Rom, Stuttgart – als Teil deutscher Geschichte erzählt werden. Weil es die Geschichte von Deutschen ist. Und ich frage mich ernsthaft, wo gibt es Räume, damit diese Geschichte sichtbar wird? Wo gibt es Räume, in denen Menschen ihre Geschichte(n) als Teil deutscher Geschichte erleben und hörbar machen können? Da gibt es eine Leerstelle bei uns.

Die CSU sagt zum Beispiel neuerdings »Deutschland muss Deutschland bleiben«. Ja, was soll das denn heißen? Dass nur weiße Christen Deutschland zu Deutschland machen? Dann wäre diese Aussage aber ganz nah an der NPD. Oder was bedeutet denn »Deutschland« für die CSU? Das muss sie schon erklären! Deutschland verändert sich doch permanent, und gerade diese Veränderung macht unsere Realität und unseren Reichtum aus. Natürlich ändert sich Deutschland mit der Geschichte der Großmutter, des Großvaters von Fetsum, der immer in der Jacke dasitzt, weil er nicht weiß, ob er weg muss.

Viele Museumsleute sagen inzwischen, wir müssen dafür sorgen, dass es in unseren großen Museen auch Anknüpfungspunkte gibt für Menschen, deren Wurzeln in Abessinien oder in Pergamon oder in Afghanistan sind. Das ist moderne Museumspädagogik und moderne Archäologie. Hermann Parzinger, der Chef der Stiftung Preußischer Kulturbesitz, hat mal lange darüber gesprochen und erzählt, dass das in anderen Städten wie London bereits gang und gäbe ist. Dort sehen die Menschen, aha, meine Wurzeln werden genauso anerkannt, es gibt nicht diese dominante Leitkultur, die von einer Leitgeschichte bestimmt wird. Aber in welcher Schule in Deutschland wird diese Geschichte gelehrt? Wenn man Glück hat, kriegt man ein bisschen was mit über Namibia. Aber über die deutschen Verbrechen an den Hereros kriegst du garantiert nichts mit, wenn du keine besonders engagierten Lehrer hast. Und die Menschen, die zu uns gekommen sind aus so vielen Regionen, aus so vielen Ländern: Wo kommt deren Geschichte vor? Was erfahre ich darüber? Diese Ignoranz ärgert mich wirklich! Nehmen wir mal Nino. Nino ist ein hochbetagter alter Herr jetzt. Er war der erste Gastarbeiter in Babenhausen, wo ich aufgewachsen bin. Damals 4400 Einwohner. Der Nino ist wohl schon in den 50er Jahren gekommen. Er hat sich in Lola verliebt, eine wunderbare schwäbische Frau mit knallblonden langen Haaren. Und das war die große Liebe, die haben geheiratet, was damals noch sehr schwierig war, sowohl für Lola als auch für Nino. Lola ist vor Jahren gestorben, Nino ist in Babenhausen geblieben. Er geht jeden Tag auf den Friedhof und legt Lola eine Blume auf ihr Grab. Aber ich weiß eigentlich nichts von ihm. Nino ist jetzt ein alter Mann. Und er ist Teil dieser Ortsgemeinschaft in Babenhausen. Aber all das, was er aus Sizilien mitgebracht hat, spielt überhaupt keine Rolle. Im Prinzip ist er der Gast geblieben – wobei man ihn lange Zeit gar nicht so gastlich behandelt hat. Diese Verweigerung des geschichtlichen Reichtums, der uns ausmacht, diese reduzierte Perspektive von deutscher Geschichte machen deutlich, dass wir zwar auf dem Papier ein Einwanderungsland sind – aber was das wirklich heißt, auch in der Breite, in der Verbreitung einer Kultur, die sich über Geschichte und Geschichten darstellt, ist überhaupt noch nicht angekommen. Familiengeschichten wie deine, mit einem Vater, der vom Dorf kommt und der mehrfach im Krieg war, gibt es in Deutschland mittlerweile hunderttausendfach. Aber das ist absolut abgeschnitten. Sobald die Menschen hier sind, müssen sie deutsch sein, was immer das heißt. Und alles, was vorher war und sie auch geprägt hat, wird allenfalls per Gnadenakt zugelassen. Man sieht daran, wie realitätsfern die Idee einer Leitkultur und einer Leitgeschichte ist. Das ist nichts anderes als eine Dominanzidee, die ignoriert, was Deutschland heute eigentlich ist. Und was es schon seit Generationen ist.

Sinti und Roma

FETSUM SEBHAT:

Claudia, ich habe gelesen, dass du dich auch ganz besonders für die Sinti und Roma einsetzt. Kannst du darüber etwas sagen?

CLAUDIA ROTH:

Eines der traurigsten und bittersten Beispiele für die Nichtanerkennung von Geschichte und Identität ist die Geschichte der Sinti und Roma in unserem Land. Ich habe immer wieder Landesverbände der deutschen Sinti und Roma besucht. In München traf ich im letzten Jahr eine ältere Dame, die mir erzählte, dass die Älteren oft Angst haben, die Kinder in die Schule zu schicken. Aber warum, habe ich gefragt, das ist doch wichtig, dass die Kinder in die Schule gehen. Und da sagte sie, dass gerade die Großeltern Angst haben, ihre Enkel könnten »abgeholt« werden, wie so viele unter den Nazis. Wer hat eigentlich im Bewusstsein, dass viele Sinti und Roma in Deutschland mit diesem tiefverwurzelten Trauma leben, dass 500 000 Mitglieder ihrer Volksgruppe in den deutschen Konzentrationslagern ermordet wurden? Wer weiß das? Wir haben zu Recht in Deutschland ein Fußballmuseum, für das auch ich mich sehr eingesetzt habe. Aber warum haben wir eigentlich keinen offiziellen Ort, wo die Geschichte der deutschen Sinti und Roma dargestellt wird? Die gibt's hier schon über 600 Jahre. Lange bevor Deutschland ein Nationalstaat war, waren diese Menschen schon da. Und trotzdem gibt es keinen Ort, wo Deutschland die Geschichte, den Reichtum dieser Minderheit in unserer Gesellschaft anerkennt. Es hat ewig lang gedauert, bis wir einen Gedenkort hatten für die 500 000 Ermordeten. Aber wenn du heute siehst, dass Kampagnen hochgezogen werden wie »Wer betrügt, der fliegt« – das kommt übrigens von der CSU, nicht von der NPD oder der AfD –, dann zielt das genau auf die Vorurteile gegen diese Gruppe, die Opfer wurde von nationalsozialistischem Terror und von Verfolgung, die bis in die Gegenwart geht. Wir brauchen ein Museum, ein lebendiges Museum, wo wir die Geschichte sehen, wo wir den Menschen die Angst nehmen, zu ihrer eigenen Identität zu stehen. Das hat was mit uns zu tun.

Vor einiger Zeit erzählte mir ein älterer Herr, der eine Nummer aus einem Konzentrationslager auf seinem Unterarm hat, dass seine Enkeltochter nun eine Super-Anstellung in einer Sparkasse bekommen hat. Er hat mir voller Glück ein Foto gezeigt, und ich sage zu ihm: Toll, das ist doch ein Ankommen in dieser Gesellschaft. Und da sagt er: Ja, aber sie hat natürlich nicht gesagt, aus welcher Familie sie kommt. Und dann sage ich, aber das ist doch übertrieben. Dann sagt er: Nein, es ist nicht übertrieben. Er war zu hundert Prozent überzeugt, wenn sie gesagt hätte, wer sie ist, aus welcher Familie sie kommt, hätte sie die Stelle wahrscheinlich nicht bekommen. Ich rede da nicht von 1950. Ich rede von Deutschland 2016.

Ein weltberühmter deutscher Fußballer hatte eine große Nähe und Bindung zu den Sinti-Familien seiner Heimatstadt –

»Sinti und Roma« in Deutschland und Europa

Begriff und Geschichte

Bei der korrekten Bezeichnung der früher diskriminierend »Zigeuner« genannten Menschen herrscht viel Unsicherheit und Verwirrung. Es handelt sich um eine nicht homogene Gruppe mit unterschiedlichen Religionen und Gewohnheiten. Die Mehrheit spricht die Sprache Romani oder Romanes.

Der Begriff **Roma** ist eine Selbstbezeichnung, welche auf den »Weltkongress« der Roma-Nationalbewegung von 1971 in London zurückzuführen ist. Als »deutsche Roma« werden diejenigen bezeichnet, welche seit der zweiten Hälfte des 19. Jahrhunderts nach Deutschland kamen.

Auch »Sinti« ist ein Begriff, mit dem sich Menschen bezeichnen, welche bereits seit dem 15. Jahrhundert in Deutschland leben. Dieser leitet sich wohl von Sindh ab, einer Region im heutigen Pakistan – die ursprünglichsten Vorfahren der Volksgruppe wanderten vermutlich vor ca. 800 Jahren vom indischen Subkontinent nach Europa ein. Die Sinti werden als Untergruppe der Roma angesehen, begreifen sich jedoch als eigenständige Gruppe. Die Bezeichnung wird lediglich in Deutschland, Österreich und Teilen Norditaliens verwendet.

Neuzuwanderer aus Rumänien oder Bulgarien, Serbien oder Mazedonien als »Sinti und Roma« zu bezeichnen, ist somit falsch. Auf sie trifft allenfalls der Begriff Roma zu.

Da in vielen Ländern Europas keine statistische Erfassung von ethnischen Minderheiten stattfindet, kann die Anzahl von Personen, die sich Roma-Gruppen zuordnen, nur grob geschätzt werden: Man geht von ca. 12 Millionen Menschen aus. Damit handelt es sich um die größte ethnische Minderheit in Europa. Auf dem Gebiet der heutigen Bundesrepublik leben ungefähr 60 000 deutsche Sinti und ca. 10 000 deutsche Roma.

Antiziganismus

Mit »Antiziganismus« bezeichnet man sowohl die Abwehrhaltung der Bevölkerung gegenüber Sinti und Roma als auch die Ausgrenzungs- und Verfolgungspolitik seit dem 15. Jahrhundert. Im Dritten Reichen wurden 70 Prozent der deutschen Sinti und Roma von den Nationalsozialisten ermordet – was sich als kollektives Trauma tief im Bewusstsein der Minderheit verankert hat.

2016 kam eine deutschlandweite Studie der Universität Leipzig (»Mitte«-Studie) zu dem Ergebnis, dass 59 Prozent der Befragten der Meinung sind, Roma und Sinti neigten zur Kriminalität. 58 Prozent gaben an, sie hätten Probleme damit, wenn sich Sinti oder Roma in ihrer Nähe aufhielten. Außerdem kam eine frühere repräsentative Umfrage zu dem Ergebnis, dass jeder dritte Deutsche keine Sinti und Roma als Nachbarn wolle. Eine Befragung unter den deutschen Sinti und Roma (2006) kam zu dem Ergebnis, dass 76 Prozent der Befragten schon häufiger im Arbeitsumfeld oder in ihrer Freizeit diskriminiert worden sind. Zum Vergleich:»Nur« 30 Prozent der türkischstämmigen Bürger schilderten 2012 solche Diskriminierungserfahrungen. Nach einer auf Europa bezogenen Studie von *Amnesty International* sind häufige Zwangsräumungen, behördliche Schikanen und gewalttätige Angriffe die Diskriminierungen, welchen Sinti und Roma besonders häufig ausgesetzt sind.

aber er hat das sein ganzes Leben lang verschwiegen, hat seine Identität verstecken müssen. Marianne Rosenberg konnte nur zu einem Schlagerstar werden, weil sie erst sehr spät gesagt hat, dass sie aus einer Sinti-Familie kommt und dass außer ihrem Vater alle aus seiner Familie getötet worden sind in deutschen Konzentrationslagern. Ihr größter Hit hieß »Er gehört zu mir« – aber sie gehörte eben nicht wirklich zu uns, das wurde ihr zumindest signalisiert.

Im Kosovo sind die Roma systematisch enteignet und vertrieben worden. Die sind da nicht mit ihren »Zigeunerwägelchen«, in Anführungszeichen bitte!, rumgefahren, sondern haben Häuser und Wohnungen gehabt. Und in Bulgarien wohnen sie in schrecklichen Ghettos und haben eine zehn Jahre geringere Lebenserwartung als die anderen Bulgaren. Sie haben praktisch keinen Zugang zu Schulen, sie leben in Serbien unter Brücken, ich hab's gesehen, ich bin hingefahren, fürchterliche Umstände. Und dann wird behauptet, das seien sichere Herkunftsländer. Das ist absurd. Da wird aus innenpolitischem Interesse ein Leben aus Diskriminierung, Unterdrückung, Ausgrenzung und Zukunftsverweigerung als

»sicher« bezeichnet. Ich finde, da macht sich dieses Deutschland wieder schuldig an einer Minderheit, für die unsere Gesellschaft eine besondere Verantwortung hat, weil man eben nicht vergessen darf, was es heißt, wenn 500 000 in den Konzentrationslagern ermordet worden sind.

Darf man »Nigger« und »Zigeuner« sagen?

CLAUDIA ROTH:

Fetsum, ein Thema, bei dem ich manchmal unsicher bin, ist die Sprache und der Gebrauch bestimmter Begriffe. Weil es ja einerseits die politisch korrekte Auffassung gibt, dass diskriminierende, ausgrenzende Begriffe absolut tabu sind, es aber andererseits auch einen spielerischen, ironischen und wiederaneignenden Umgang mit bestimmten Begriffen gibt. Ich erinnere mich aus der Frauenbewegung, dass das Wort »Weiber« irgendwann sozusagen zurückerobert wurde – aus einem abfälligen Männerwort wurde im Mund der Frauen ein positiv besetzter Kampfbegriff, und es gab »Weiberräte« und so weiter.

FETSUM SEBHAT:

Ja, wenn ich bedenke, was sich in der Sprache allein durch HipHop verändert hat. Begriffe wie »fett«, »chillen«, »dissen«, »peace« kommen zum Beispiel aus dem HipHop. Das hat ja nicht nur die amerikanische Sprache verändert. In Deutschland findet das mit Latenz statt, dass die Sprache tatsächlich auch über das gebrochene Deutsch, über das »falsche« Deutsch, das Kinder mit Migrationsgeschichte aus den Brennpunktbereichen reingebracht haben, verändert und bereichert wird.

CLAUDIA ROTH:

Wie Kanak Sprak oder so.

FETSUM SEBHAT:

Im Prinzip, ja. »Ischwör.« »Gib ma Handy.« Dass man Artikel weglässt, das macht ja was mit der Jugendsprache. Und es ist nie verniedlichend, sondern man nimmt das halt auf, und man macht einen Spaß, und es normalisiert sich dadurch. Anfang der 90-er Jahre kamen »Boyz n the Hood« und »Menace II Society« in die deutschen Kino. Beides Filme, die den harten Alltag schwarzer Jugendlicher in den sozialen Brennpunkten von Los Angeles zeigten. Selbst in der deutschen Übersetzung war »Nigger« jedes zweite Wort, das vorkam. Und auf einmal, ich war in der Bahn und Kids spielen das halt nach, die nicht dunkelhäutig sind: »Ja, hier ... und er hält ihm die Knarre an den Kopf und sagt ›ey Nigger!‹« Und ich stehe neben denen, und die sofort so: Sorry! Und ich sage, nee, nichts sorry. Du spielst ja diesen Film nach, warum solltest du dich da entschuldigen? Natürlich war es ihnen in dem Moment unangenehm, weil alle anderen in diesem Großraumwagen den Film nicht kannten, und den Text auch nicht.

Oder meine engsten Freunde, die einfach Dr. Dre- oder Snoop-Dogg-Fans waren und auch jeden Text auswendig konnten, besser als ich. Und immer wenn das Wort »Nigger« kam, haben sie pausiert, weil sie Rücksicht auf mich nehmen wollten. Und ich dachte, hey, Wahnsinn, die können das gar nicht genießen. Ich meine, letzten Endes sind das deren musikalische Heroes. Und warum dürfen sie dieses Wort nicht nutzen – sie zitieren es ja.

CLAUDIA ROTH:

Bin ich also altbacken oder übervorsichtig, wenn ich sage, ich würde nie »Zigeuner« sagen?

FETSUM SEBHAT:

Verstehe ich total.

CLAUDIA ROTH:

Es gibt ja bei den Sinti und Roma welche, die sagen, man muss »Zigeuner« sagen, aber ich kann es nicht. Oder die Debatte darüber, ob man Negerküsse nur noch Schokoküsse nennen soll. Dabei geht es ja darum, Begriffe, die in der Geschichte zur Ausgrenzung von Menschen gedient haben, nicht mehr zu benutzen. Du kannst »Neger« anders sagen als ich. Du kannst »Nigger« anders sagen als ich. Vielleicht ist das eine übervorsichtige Haltung, aber mit Sprache kann man eben ausgrenzen, und Sprache kann auch ein Gewaltmittel sein. Wenn die NPD ein Plakat klebt, das den Vorsitzenden auf einem Motorrad zeigt und dann steht drüber »Gas geben«, dann wird die Sprache sogar zur Waffe. Und die haben das dann auch noch vor die jüdischen Einrichtungen in Berlin geklebt. Ich frage mich bis heute, warum das erlaubt wurde.

FETSUM SEBHAT:

Wenn man als Künstler etwas aussagen will, macht man das ja manchmal subversiv. In Amerika ist »Nigger« beispielsweise durch Rapmusik fast schon zum Modewort geworden. Aber unter schwarzen Amerikanern wird die Verwendung dieses Begriffs bis heute kontrovers diskutiert. Für die meisten der älteren Generation steht es nach wie vor für den Hass und den Schmerz, den die Sklaverei verursacht hat, und für deren gesellschaftliche Folgen bis heute. Die junge, HipHop-geprägte Generation hingegen hat den Rassisten das Wort »Nigger« und die Deutungshoheit darüber durch inflationäre Verwendung entrissen. Nach dem Motto: Ihr entscheidet nicht, ob uns dieser Begriff beleidigt oder nicht! Wir nehmen das Ding und massieren es in unsere Kultur ein. Natürlich hat man dann immer getestet: Ich sage »Nigger«, aber du als Weißer kannst es nicht sagen. Das ist ja dann auch eine Ausgrenzung: Wenn *du* es sagst, kriegst du eine drauf. Der Kontext spielt eben eine Rolle. HipHop ist ja die neue Popmusik, spätestens seit den Neunzigern weltweit omnipräsent. Und auf einmal wird dieses Wort entschärft. Der ganze Hass, der in diesem Wort steckt, ist auf einmal zumindest mal reduziert. Und wahrscheinlich ist dieser Begriff in 50 Jahren sowas wie: Hey Buddy! oder Hey Alter! Aber ich weiß auch, was du meinst, Claudia, weil ich ja auch immer respektvoll sein und niemanden beleidigen will.

Über den Begriff »Zigeuner« habe ich mich vor einigen Jahren extrem gestritten mit Bekannten, die das aus Spaß zueinander gesagt haben: Ha, du Zigeuner und so. Da habe ich gesagt: Hey, was soll denn das heißen? Ich habe kein Problem mit Zigeunern, also ... Und fand dann auch irgendwie, man sollte eher Sinti und Roma sagen. Aber einige

Sinti und Roma sagen dann wahrscheinlich, hey nee, man muss Zigeuner sagen. Ich verstehe den Kontext, wenn ich das vergleiche mit diesem Nigger-Ding, wobei ich Nigger und Neger ... ich sage das nie. Amerika ist halt auch nicht Europa oder Deutschland, das hat eigene Themen, die in dem amerikanischen Kontext besprochen werden. Die Rassismus-Debatte dort ist größer denn je. Keine Ahnung, was Obama nach seiner zweiten Amtszeit dann mal erzählen wird, wenn er es kann. Aber die Debatte über schwarze Menschen in Deutschland, in Europa, die wird man auch noch lange führen, das hat ja erst begonnen. Ich finde, wir fangen jetzt, nachdem ich über 30 Jahre in Deutschland lebe, überhaupt erst an, über bestimmte Themen zu sprechen auf eine Art und Weise, bei der ich denke: Okay, da ist Verständnis füreinander, da findet eine Sensibilisierung statt. Das Wichtigste ist, dass es einen Dialog gibt.

Multikulti

CLAUDIA ROTH:

Obwohl ich wirklich eine deutliche Ferne habe zur Kirche als Institution, sage ich doch, wir müssen dafür kämpfen, dass Menschen ihre Religion in unserem Land ausüben können, dass sie ihre Identität zeigen können – immer auf der Basis unserer Verfassung. Das heißt, schon wegen des Grundgesetzartikels 4 ist die Frage, ob Deutschland ein multikulturelles Land sein soll, einigermaßen absurd.

Artikel 4 des Grundgesetzes lautet:
1. Die Freiheit des Glaubens, des Gewissens und die Freiheit des religiösen und weltanschaulichen Bekenntnisses sind unverletzlich.
2. Die ungestörte Religionsausübung wird gewährleistet.
3. Niemand darf gegen sein Gewissen zum Kriegsdienst mit der Waffe gezwungen werden. Das Nähere regelt ein Bundesgesetz.

In Deutschland leben vier Millionen Muslime, denen unser Grundgesetz die ungestörte Religionsausübung garantiert. Was soll das anderes sein als Multikulturalität? Mir ist es aber auch wichtig, dass dieses Deutschland eine multikulturelle *Demokratie* ist. Multikulturalität heißt ja nicht nur kulturelle Heterogenität, sondern es geht auch um die rechtliche Verwirklichung staatsbürgerlicher Gleichheit. Wenn zum Beispiel das Wahlrecht, ein Grundnahrungsmittel jeder Demokratie, vielen Menschen über Jahrzehnte verweigert wird, weil unser Staatsbürgerschaftsrecht so altbacken ist und nicht mehr zu unserer Realität passt aus meiner Sicht, dann fallen die Wohnbevölkerung und die Wahlbevölkerung mehr und mehr auseinander. Wenn in einer Großstadt 20 Prozent nicht wählen können, obwohl sie da seit Jahrzehnten leben, dann stimmt doch etwas nicht. Zumindest an den Angelegenheiten der Kommune sollte doch jeder Bürger beteiligt sein dürfen, unabhängig vom Pass. Da wo ich lebe, wo ich meinen Lebensmittelpunkt habe, wo ich Steuern zahle, da muss ich auch Mitsprache bekommen. Das wird noch deutlicher, seit EU-Bürger auf kommunaler Ebene mitwählen dürfen (was ich natürlich begrüße). Aber jetzt haben wir die Situation, dass ein Portugiese, der seit einem halben Jahr in Berlin lebt, wählen darf bei der Kommunalwahl und bei der Europawahl, aber ein Türke, der seit 40 Jahren hier lebt, darf das nicht, weil er nicht die deutsche Staatsbürgerschaft hat. Weil er von seinem guten Recht Gebrauch macht, seine türkische Staatsangehörigkeit nicht aufgeben zu wollen.

Es muss endlich aufhören, dass man sich dieser multikulturellen Realität verweigert und diejenigen als Spinner oder sonst was darstellt, die diese Realität zur Kenntnis nehmen und gestalten wollen. Das eigentliche Integrationshindernis sind ja die, die Multikulturalität verneinen. Sie sind nicht integriert in eine demokratische, lebendige Kultur, die den Staatsbürger eben nicht als Diener sieht, sondern als freien Menschen. Die sind nicht integriert in die Realität, dass Deutschland ein buntes, ein vielfältiges Land ist, wo Menschen unterschiedlicher Herkunft und unterschiedlicher kultureller Prägung, mit sehr unterschiedlichen Geschichten, gemeinsam eine neue Geschichte für dieses Deutschland schreiben.

Die Fahne der Roten

FETSUM SEBHAT:

Flaggen mochte ich noch nie. Selbst nach dem Referendum von 1993, als alle euphorisch waren, weil Eritrea endlich ein anerkanntes Land war, fiel es mir schwer, mir eine Flagge umzuhängen. Obwohl ich mich total gefreut habe. Das klassische Konzept von Nationen und Staaten ist für mich irgendwie anachronistisch.

Mit sieben Jahren wusste ich noch nicht, wer Bayern München ist. Da hat in der »Sportschau« Rot gegen Blau gespielt, die Blauen wusste ich nachher, das war Bochum, und Rot hat 5:1 gewonnen, das war echt super. Seit da bin ich Bayern-Fan.

Aber ich habe keine Mütze von Bayern München, ich habe keinen Schal von Bayern München, ich habe kein Trikot von Bayern München. Ich mag keine Flaggen und Bekenntnissymbole.

Wobei: Ich hätte gerne eine Flagge für Haltung oder für guten Humor. Aber die gibt's leider nicht. Für eine Zugehörigkeit zu einer Gruppe von Menschen brauche ich das nicht. Vielleicht schaffen wir es ja irgendwie, für Lebenshaltungen und für Offenheit andere Erkennungsmerkmale zu finden als Flaggen.

Natürlich haben meine Freunde mich immer wieder gefragt:»Sag mal, du bist doch ein guter Junge – was bist du denn Bayern-Fan? Spinnst du?«Und dann habe ich gesagt:»Hey, Leute, ich bin Afrikaner, ich brauche ein Erfolgserlebnis die Woche.«*(Lacht)*

3
Die Würde
des Menschen ...

CLAUDIA ROTH:

Es gibt ja einen langen Streit in der politischen Philosophie über die Frage, was eine Gesellschaft eigentlich zusammenhält – und ob es so eine gemeinschaftliche Idee überhaupt braucht. Ich bin da auch sehr mit mir am Ringen, weil diese Debatte schnell in Richtung »Leitkultur« abdriften kann – ein in meinen Augen völlig konfuses Konzept, von dem ja selbst deren Befürworter meist nicht sagen können, was das denn eigentlich genau sein soll. Und wegen der Nazi-Ideologie der »Volksgemeinschaft« – die ja eine Lüge war, weil sie viele Angehörige dieses Volkes einfach ausschloss – gibt es in Deutschland zu Recht eine große Zurückhaltung gegenüber jedem Versuch, ein übergreifendes, quasi allgemeingültiges Leitbild zu formulieren.

Aber ich glaube schon, dass jede Gesellschaft eine Übereinkunft darüber braucht, welche Regeln für das Zusammenleben gelten sollen und auf welchen Werten diese beruhen. Das ist wichtig für den Zusammenhalt und das friedliche Zusammenleben. Und deswegen können wir uns glücklich schätzen, dass wir diese Regeln und dieses Wertefundament längst haben, das für mich durch nichts zu relativieren ist: unsere Verfassung, das deutsche Grundgesetz, und da ganz besonders die ersten 19 Artikel. Das sind nämlich die Grundrechte, die jede und jeder hat.

Der Name *Grundgesetz* sagt ja schon, worum es geht. Das Grundgesetz liegt der politischen Ordnung *zugrunde*. Für mich ist es sogar mehr, es ist unser Wertefundament schlechthin, auf dem alles andere aufbaut. Es gilt für alle Menschen, die hier leben, ganz gleich, welcher Herkunft, Nationalität oder welchen Glaubens. Wir haben ja bei uns aus gutem Grund die Trennung von Staat und Kirche – bei gleichzeitig klar geregelter Kooperation in bestimmten Bereichen. Aber es ist bei uns nicht wie in Frankreich, wo Staat und Kirche im Laizismus tatsächlich strikt getrennt sind. Dennoch haben wir die Trennung, die sich in den Prinzipien der Religionsfreiheit, der weltanschaulichen Neutralität des Staates und der Selbstbestimmung aller Religionsgemeinschaften zeigt. Das Christentum kann schon dieser Prinzipien wegen nicht der verbindliche Kanon sein für alle in Deutschland lebenden Menschen. Was würde das sonst für die über vier Millionen Muslime bedeuten, die Teil von Deutschland sind und hier leben? Der verbindliche Kanon ist für mich ganz klar Artikel 1 des Grundgesetzes, der die Unantastbarkeit der Menschenwürde garantiert und den Staat darauf verpflichtet, genau das zu tun. Die Würde jedes Einzelnen zu achten und zu schützen.

Und dazu kommen dann die anderen Grundrechte – und die Menschenrechtscharta der Vereinten Nationen, die wie das deutsche Grundgesetz auch eine unmittelbare Folgerung aus dem Terror des Nationalsozialismus war.

Die historische Verantwortung von uns Deutschen nach den Verbrechen der Nazis hat eine große Rolle für meine Politisierung und für meine politische Arbeit gespielt. Denn man kann sich nicht herauspicken, was man für sich an der deutschen Geschichte annimmt und was nicht. Jeder hat damit zu tun. Nicht im Sinne von persönlicher Schuld, aber im Sinne von Verantwortung für die Gegenwart und die Zukunft.

Ich war ja mal Vorsitzende des Bundestagsausschusses für Menschenrechte und humanitäre Hilfe. Da habe ich gelernt, welchen Wert die UN-Menschenrechtscharta, also die Allgemeine Erklärung der Menschenrechte von 1948 hat (die übrigens auch die Basis der europäischen Grundrechtecharta ist). Und wie wichtig die beiden dort festgehaltenen fundamentalen Aussagen sind: Menschenrechte sind *universell gültig* und sie sind *unteilbar*.

Was heißt das? Wenn die Herrscher Saudi-Arabiens oder Chinas oder Russlands sagen, Menschenrechte seien ein westliches Konzept, dann offenbart sich darin ihre grundsätzliche Ablehnung der Idee, dass Menschen nicht einfach so der Willkür des Staates unterworfen werden dürfen. Das Besondere an den Menschenrechten ist ja gerade, dass sie nicht nach Himmelsrichtungen unterscheiden. Die Menschenrechte gelten für jeden Menschen auf der ganzen Welt, und zwar losgelöst von historischen, kulturellen, sozialen, ökonomischen oder politischen Bedingungen. Sie sind universell. Jeder Mensch *hat* diese Rechte qua Menschsein, ob es dem jeweiligen Staat gefällt oder nicht. Und *unteilbar* bedeutet, dass es nicht genügt, wenn nur ein Teil der Menschenrechte zugestanden wird. Es gibt ja die zwei großen Gruppen von Menschenrechten: zum einen die politisch-bürgerlichen Rechte, die auch in unseren Grundrechten niedergeschrieben sind, also zum Beispiel die Gleichheit von Frau und Mann, das Demonstrationsrecht, die Presse- und Meinungsfreiheit, die Glaubens- und Gewissensfreiheit, die Freizügigkeit, das Briefgeheimnis, die Unverletzlichkeit der Wohnung etc.

Und zum anderen gibt es die sozialen Menschenrechte. Die werden bei uns oft als Rechte zweiter Klasse gesehen, was aber nicht geht. Das sind zwei Seiten einer Medaille. Das Recht auf Bildung, das Recht auf Gesundheit bzw. gesundheitliche Ver-

Menschenrechtscharta der Vereinten Nationen

Die »Allgemeine Erklärung der Menschenrechte« wurde am 10. Dezember 1948 von der Generalversammlung der Vereinten Nationen in Paris verabschiedet. Theoretisch bekennen sich alle Staaten der Erde zu den darin niedergelegten Grundrechten; diese sind jedoch von Individuen international nicht einklagbar. (Eine Ausnahme ist der Europäische Gerichtshof für Menschenrechte, vor dem Bürger aus einem der 47 Mitgliedsstaaten des Europarats klagen können.)

Seit 1966 sind im »Sozialpakt« und im »Zivilpakt« sowohl die sozialen Rechte als auch die bürgerlichen Freiheitsrechte der Menschenrechtscharta in völkerrechtlich verbindlicher Weise formuliert. Trotzdem ist die Einhaltung dieser Menschenrechte international wegen des Vorrangs der staatlichen Souveränität und des Friedensgebots faktisch oft nicht durchsetzbar, wie die alltägliche Praxis in Diktaturen auf bedrückende Weise zeigt.

Unter anderem postuliert die Menschenrechtscharta:

- Menschenwürde und Gleichheitsgrundsatz (Art. 1)
- Diskriminierungsverbot (Art. 2)
- Recht auf Leben, Freiheit und Sicherheit (Art. 3)
- Verbot der Sklaverei (Art. 4)
- Folterverbot (Art. 5)
- Rechtssicherheit (Art. 6–11)
- Persönliche Freiheit (Art. 12)
- Freizügigkeit, Asylrecht und Staatsangehörigkeit (Art. 13–15)

- Recht auf Ehe und Familie (Art. 16)
- Recht auf Eigentum (Art. 17)
- Gedanken-, Gewissens- und Religionsfreiheit (Art. 18)
- Meinungs- und Informationsfreiheit (Art. 19)
- Versammlungs- und Koalitionsfreiheit (Art. 20)
- Wahlrecht (Art. 21)
- Recht auf soziale Sicherheit, Arbeit und gleichen Lohn (Art. 22–23)
- Recht auf Erholung und Wohlfahrt (Art. 24–25)
- Recht auf Bildung und Freiheit der Kultur (Art. 26–27)

Das **Grundgesetz** von 1949, also die deutsche Verfassung, enthält in den 19 Grundrechtsartikeln im wesentlichen dieselben Rechte. Zusätzlich garantiert es das Recht auf Kriegsdienstverweigerung, stellt Familie und Schulwesen unter den Schutz bzw. die Aufsicht des Staates, garantiert das Briefgeheimnis, die Unverletzlichkeit der Wohnung, die freie Berufswahl und das Petitionsrecht und sieht die Möglichkeit von Enteignungen vor.

sorgung, das Recht auf Arbeit – übrigens steht da: auf *würdige* Arbeit –, das Recht auf Teilhabe am kulturellen Leben, die sind ebenso elementar für das Funktionieren einer Gesellschaft wie die bürgerlichen Freiheitsrechte. Diese zwei Gruppen von Menschenrechten gehören untrennbar zusammen. Denn was ist das bitte schön für eine zynische Freiheit, wenn man sagt, der Wohnungslose, der Obdachlose hat ja die Freiheit, unter einer Brücke zu schlafen? Die sozialen Grundrechte bedeuten das Recht auf Zukunft, wie sie jedem Menschen zusteht. Ohne sie haben die bürgerlichen Freiheitsrechte auf Dauer auch keine Basis.

Es ist lange diskutiert worden, ob die sozialen Rechte denselben Status haben wie die politisch-bürgerlichen Freiheitsrechte, also die meisten unserer Grundrechte, wie sie im Grundgesetz stehen. Ich habe immer wieder Auseinandersetzungen erlebt zwischen Chinesen und US-Amerikanern, in denen die Amerikaner Verfechter der politischen Freiheitsrechte waren (was natürlich überhaupt nicht zu Guantanamo passt, genauso wenig wie die Todesstrafe), aber bei den sozialen Rechten sagten, nee, da mischen wir uns nicht ein, das ist nicht Sache des Staates und das ist kein individuelles Recht. Und umgekehrt war die chinesische Position immer, wir kümmern uns um Nahrung, um Bildung, um Arbeit – aber bei den politischen Rechten wie dem Demonstrationsrecht, der Meinungsfreiheit, der Pressefreiheit, da hat sich niemand einzumischen.

Und wir haben das ja auch bei uns oft gesehen: Linke Gruppen, die die bürgerlichen Freiheiten zwar für sich in Anspruch nahmen, aber zugleich die Zustände in der DDR »nicht so schlimm« fanden, weil dort ja immerhin der Kapitalismus in die Schranken gewiesen wurde – oder Konservative, die das Recht auf soziale Teilhabe und Würde für nebensächlich hielten.

Ich wünsche mir, dass wir im »Alten Europa«, wie der damalige US-Verteidigungsminister Donald Rumsfeld uns 2003 sehr abfällig genannt hat, es schaffen, die beiden Arten von Grundrechten noch viel stärker als bisher zusammenzubinden. Denn von dieser Unteilbarkeit lebt Europa. Und das macht für mich das Leben in Freiheit aus, dass all diese Rechte für alle gelten, dass es keine Ausnahmen gibt, dass es auch keine Verhandlungen darüber gibt. Niemand kann sagen, wir sind jetzt zwar in Deutschland, aber in unserem Kulturraum, wo die Urgroßeltern, Großeltern herkommen, da gehört Genitalverstümmelung nun mal dazu. Nee, das ist ein Eingriff in die Integrität und die Würde der Person, und das kann keine Kultur, das kann keine Religion rechtfertigen. Sonderrechte und Sondergesetze gibt es nicht. Das ist für mich die Basis.

Über das Grundrecht auf Asyl müssen wir leider extra sprechen, weil ausgerechnet dieses Grundrecht in den letzten Jahrzehnten massiv malträtiert und ausgehöhlt worden ist. Der Staat kann aus meiner Sicht aber nicht hergehen und sagen, dieses Grundrecht, das Verfassungsrang hat, das schränke ich jetzt ein, das nehme ich jetzt weg, oder ich bestimme politisch, was ein sicheres Herkunftsland ist und was nicht. Das Recht auf politisches Asyl gilt für mich völlig unabhängig von der Herkunft. Es muss bei allen rechtsstaatlich überprüft werden, ob sie es erhalten oder nicht. Dieser Zugang zu einem rechtsstaatlichen Verfahren muss für alle offen sein.

Im sogenannten Asylkompromiss von 1993 hat die SPD ja leider ihren Kniefall gemacht – ausgerechnet bei dem Grundrecht, das mit unserer Geschichte mit am meisten zu tun hat. Und es geht ja weiter. Wenn das Recht auf Familie für Geflüchtete massiv eingeschränkt wird, wenn der Familiennachzug ausgesetzt oder extrem verzögert und erschwert wird, widerspricht das dem Gedanken des Artikels 6, der Ehe und Familie unter besonderen Schutz des Staates stellt. Da steht ja nicht, Schutz der *deutschen* Ehe und der *deutschen* Familie. Dass Kinder bei ihren Eltern leben, hat unabhängig von der Staatsangehörigkeit übrigens auch Verfassungsrang. Ganz abgesehen davon sollte es auch eine humanitäre Selbstverständlichkeit sein. Und es ist natürlich auch das Gegenteil von Integration, wenn man die Menschen, die zu uns kommen, dauerhaft von ihren Angehörigen trennt. Wie sollen die sich hier zurechtfinden, wenn sie permanent Angst um ihre Liebsten haben?

Artikel 16/16a des Grundgesetzes (Asylrecht)

Die Ursprungsfassung des Grundgesetzes von 1949 enthält im Artikel 16, Absatz 2 den kurzen, klaren Satz: »Politisch Verfolgte genießen Asylrecht.« Anfang der 1980er und dann zu Beginn der 1990er Jahre machte erstmals in der Geschichte der Bundesrepublik eine erhebliche Zahl von Menschen Gebrauch von diesem Grundrecht – vor allem in Folge der Jugoslawienkriege. Nach einer Aufwallung fremdenfeindlicher Stimmungen und Gewalttaten mit mehreren Toten und einer Kampagne gegen angeblichen »Asylmissbrauch« einigte sich die CDU/CSU-geführte Bundesregierung 1993 mit der SPD auf den sogenannten Asyl-Kompromiss, welcher mit der dafür erforderlichen Zweidrittel-Mehrheit des Bundestags den Asylanspruch im neuen Artikel 16a neu regelte, das heißt: einschränkte.

Seither kann sich niemand mehr auf das Asylrecht berufen, der/die aus einem EU-Staat oder aus einem »sicheren Herkunftsland« stammt, also aus einem Land, in dem die Genfer Flüchtlingskonvention und/oder die Europäische Menschenrechtskonvention angewendet werden. Laut Grundgesetz sind das Staaten, in denen »auf Grund der Rechtslage, der Rechtsanwendung und der allgemeinen politischen Verhältnisse gewährleistet erscheint, dass dort weder politische Verfolgung noch unmenschliche oder erniedrigende Bestrafung oder Behandlung stattfindet.« Menschen aus solchen Ländern gelten nicht als politisch verfolgt, sofern sie keine Beweise für das Gegenteil vorlegen können. Per Gesetz zu »sicheren Herkunftsstaaten« erklärt wurden bislang

(Stand September 2016): Senegal und Ghana (seit 1993), Bosnien und Herzegowina, Mazedonien und Serbien (seit 2014) sowie Albanien, Kosovo und Montenegro (seit 2015). Umstritten war 2016 noch die Aufnahme mehrerer nordafrikanischer Staaten in diese Liste.

Kritisiert wird an diesem (engen) Begriff der politischen Verfolgung, dass lediglich Repressionen von Seite staatlicher Institutionen berücksichtigt werden. Nicht als »politische Verfolgung« betrachtet wird die gesellschaftliche Ausgrenzung von Menschengruppen, wie sie beispielsweise die Roma in vielen mittelosteuropäischen Ländern und auf dem Nordost-Balkan zu erleiden haben.

Zusätzlich ausgeschlossen vom Asylanspruch wurden Menschen, die Deutschland auf dem Weg über ein »sicheres Drittland« erreichen. Da Deutschland nur von solchen Ländern umgeben ist, wurde es damit faktisch unmöglich gemacht, Deutschland auf legalem Wege zu erreichen und hier einen Asylantrag gemäß Artikel 16 zu stellen. Diese Regelung wurde vielfach als Abschottung Deutschlands vor Flüchtlingen empfunden – vor allem in Kombination mit der »Dublin«-Regelung der EU, wonach Flüchtlinge ihren Asylantrag in dem EU-Land zu stellen haben, das sie als erstes betreten.

In »sichere Drittstaaten« sowie in »sichere Herkunftsstaaten« darf abgeschoben werden.

Und die Grundrechte sind ja nicht statisch. Sie müssen zum einen immer wieder neu erklärt, erkämpft und begründet werden. Und zum anderen muss es Erweiterungen geben. Es gibt jetzt die dritte Generation der Menschenrechte, das sind die kollektiven Rechte, wie das Selbstbestimmungsrecht der Völker, das Recht auf Entwicklung, ökologische Rechte wie das Recht auf sauberes Trinkwasser und saubere Luft. Aber auch bei den klassischen Grundrechten gibt es noch Arbeit. Wenn's nach mir ginge, hätten wir die Ehe längst auch für gleichgeschlechtliche Paare geöffnet.

Die rechtliche Stellung Homosexueller in Deutschland

Die strafrechtliche Verfolgung von Homosexualität lässt sich historisch bis ins Mittelalter zurückverfolgen. Erfolge in Richtung einer Gleichstellung von homo- und heterosexuellen Paaren sind demgegenüber ein sehr junges Phänomen. So wurde der von 1871 stammende § 175 erst vor etwas mehr als 20 Jahren vollständig aus dem Strafgesetzbuch gestrichen. Ursprünglich stellte dieser Paragraf sexuelle Handlungen zwischen Männern generell unter Strafe; seit 1973 waren in der Bundesrepublik nur noch sexuelle Handlungen mit Männern unter 18 Jahren nach dem § 175 strafbar – während das Schutzalter bei heterosexuellem und lesbischem Sexualverkehr bei 14 Jahren lag. In der DDR wurde der Paragraf bereits 1988 ersatzlos gestrichen, in Gesamtdeutschland erst 1994. Seitdem gelten einheitliche Jugendschutzgrenzen für Minderjährige.

Erst 2001 verabschiedete der Bundestag das Lebenspartnerschaftsgesetz (LPartG), das zwei Menschen gleichen Geschlechts die Begründung einer Lebenspartnerschaft ermöglicht. Anfangs wurde die Lebenspartnerschaft der Ehe lediglich bezüglich der Pflichten gleichgestellt; heute sind beide Rechtsformen auch bezüglich der Rechte annähernd gleichgestellt. Allerdings noch immer nicht vollständig: Das *Abstammungs-* und das *Adoptionsrecht* bedürfen noch einer Gleichstellung. Die Auseinandersetzungen um das Adoptionsrecht zeigen, dass vor allem die katholische Kirche und konservative Kreise sich noch immer schwer damit tun, Homosexualität als gleichberechtigte Lebensweise zu akzeptieren.

FETSUM SEBHAT:

Ich finde es übrigens sehr wichtig, dass man die Grundrechte und ihre Begründungen immer wieder ins Bewusstsein holt und diese Verabredung über die grundlegenden Werte unserer Gesellschaft sozusagen in jeder Generation erneuert. Denn vieles, was für deine Generation, Claudia, selbstverständlich ist, bedarf bei meinen Altersgenossen und erst recht bei den heute 20-Jährigen der Erläuterung. Sie sträuben sich instinktiv gegen ein »Das war schon immer so« und wollen die Dinge erklärt haben. Eine Sache ist nicht einmal erklärt und für immer verstanden. Das gilt für den Streit um Begriffe wie »völkisch« genauso wie für den Sinn und den historischen Hintergrund von Grundrechten.

Vermeintliche Selbstverständlichkeiten, der Verzicht auf Begründung und erst recht politisch korrekte Sprach- und

»Volk« und »völkisch«

Die AfD-Vorsitzende Frauke Petry hat im Herbst 2016 Aufsehen erregt, als sie forderte, der Begriff »völkisch« solle »wieder positiv besetzt« werden. Wie verhalten sich die Begriffe »Volk« und »völkisch« zueinander?

Mit »Volk« können unterschiedliche Dinge gemeint sein. Eine Bedeutung wäre die »ethnische«, also »Volk« als Gruppe von Menschen, die durch dieselbe Sprache und Kultur miteinander verbunden sind. Staatspolitisch ist mit dem »Volk« eher die *Bevölkerung* gemeint, also die Bewohner eines Gebiets. So deutet übrigens auch das Bundesverfassungsgericht den Begriff: Entscheidend für die Zugehörigkeit zum »Deutschen Volk im Sinne des bundesdeutschen Grundgesetzes« ist demgemäß der rechtliche Status einer Person, also die Staatsbürgerschaft, und nicht die Zugehörigkeit zu einem Volk im *ethnischen* Sinn.

Das Wort »völkisch« hingegen war schon immer ein rassistischer Kampfbegriff, der vor allem dazu diente, Menschen auszuschließen. »Die Völkischen« war die umgangssprachliche Bezeichnung des »Alldeutschen Verbands«, der etwa ab dem Beginn des 20. Jahrhunderts vor allem die deutschen Juden eliminieren wollte aus dem deutschen Volk, wie sie es verstanden. Konsequenterweise bedienten sich die Nationalsozialisten dieses Begriffs für ihr Zentralorgan, den *Völkischen Beobachter*. »Völkisch« war nie etwas anderes als eine speziell deutsche, rassistische, auf dem »Blut« basierende Gedankenkonstruktion. Insofern irritierte das

Wörtchen »wieder« in Frauke Petrys Statement viele Historiker ganz besonders – denn »positiv besetzt« war der Begriff »völkisch« stets nur für extreme Rassisten und Faschisten.

Denkverbote sind nie gut für den demokratischen Dialog. Denn Demokratie ist ein fortwährender Prozess – genau das macht sie ja so lebendig.

Ich war ganz begeistert, als ich von der Aktion des italienischen Schauspielers und Komikers Roberto Benigni gehört habe. Benigni hat seine Sendezeit im italienischen Fernsehen einfach dafür genutzt, die italienische Verfassung vorzulesen. Die Sendung hieß »La più bella Costituzione del mondo«, also »Die schönste Verfassung der Welt«. Er hatte das Gefühl, dass die Situation in Italien so verfahren ist, dass die Wahrnehmung des italienischen Volkes von sich selbst und die Position der Politik einen Wahnsinnsbruch erlitten haben und dass die Leute einfach nicht mehr wissen, was eigentlich erreicht worden ist nach Mussolini und auf welchen Werten das basiert. Zumal das politische System sich ja nicht unbedingt mit Ruhm bekleckert hat – kein Land hatte nach dem Krieg mehr Regierungskrisen als Italien. Und dann geht jemand wie Benigni her und sagt, ich nutze meinen Zugang zur Öffentlichkeit, den ich mir als Schauspieler erarbeitet habe, als Regisseur erarbeitet habe, um hier als Hofnarr zu fungieren und den Leuten – zugleich humoristisch und in aller Ernsthaftigkeit – einfach mal die Verfassung zu erklären. Sie zu fragen: Wisst ihr eigentlich, was das Konstrukt ist, das unser politisches Treiben und unser Zusammenleben reguliert? Ich fand das großartig! Ich glaube, das ging über zwei stundenlange Sendungen. Er hat nämlich nicht nur vorgelesen, er hat auch erklärt, Artikel für Artikel, welche menschlichen Werte eigentlich dahinterstecken. (Übrigens, weil du vorhin von den sozialen Grundrechten gesprochen hast, Claudia – der erste Satz der italienischen Verfassung von 1947 lautet: »Italien ist eine demokratische, auf die Arbeit gegründete Republik.«) Viele Begriffe, die wir auch gerne nutzen, wie Freiheit, Grundrecht etc. pp. sind ja eigentlich erst mal abstrakt. Aber was bedeutet das denn? Ist mein Begriff von Freiheit derselbe wie deiner? Wenn wir Dinge, die einmal Gesetz geworden sind, immer als gegeben hinnehmen würden, dann würden wir ja auch nie versuchen, irgendwas zu verändern. Das heißt, das ist ja auch ein dynamischer Prozess. Deswegen glaube ich, dass solche Dinge immer wieder kommuniziert und auch debattiert werden müssen.

Eine der zentralen Eigenschaften, auf die die Demokratie und der Rechtsstaat und die Wahrung der Menschenwürde angewiesen sind, ist Empathie. Und ich behaupte, dass man die lernen kann – das ist keine Eigenschaft, die man hat oder eben nicht. Wenn mein Kleiner mit mir auf der Straße läuft und er sieht jemanden, der obdachlos ist und fragt mich, warum der auf der Straße lebt, dann kann ich ihm das auf verschiedene Arten und Weisen erklären. Ich kann sagen, schau mal, der hat nicht so viel Glück gehabt wie wir, aber er ist ebenso ein Mensch. Wir können ja mal hingehen und gucken, was er braucht und ob wir ihm helfen können, mit den Mitteln, die wir haben. Kinder sind sowieso empathisch. Und wenn mein Sohn jemanden sieht, der auf der Straße ist, fragt er, Papa, sollen wir dem was geben? Oder: Dem geht's nicht gut oder der geht's nicht gut, können wir nicht helfen? Aber wenn ich ihm sage, das ist ein Verlierer, der ist selber schuld, der will nicht arbeiten – dann wird die natürlicherweise angelegte Empathie abgetötet. Es geht also darum, wie wir unsere Kinder erziehen und sensibilisieren, basierend auf dem, was sowieso ihre Charakterzüge sind. Sie tragen ja alles in sich. Aber was wird am ehesten gefördert? Damit müssen wir bei unseren Kindern beginnen. Denn je älter wir sind, umso verfestigter sind unsere Meinungen und Haltungen. Wenn ich ein festgefahrenes Frauenbild habe, wird man mir das wahrscheinlich mit 50, 60 nicht mehr austreiben.

Wenn die Demokratie getestet wird

FETSUM SEBHAT:

Mein erster Reflex, wenn zum Beispiel irgendeine rechte Demo hier durch Berlin geht, ist immer: Kann man das nicht irgendwie verbieten? Aber dann merke ich sofort den Gegenreflex, der sagt: Nee, du kannst das nicht verbieten, solange es sich innerhalb der rechtlichen Grenzen bewegt. Eine unliebsame Meinung in einem Diskurs einfach zum Schweigen zu bringen löst ja nichts. Ich muss die erst mal zulassen. Natürlich will ich, dass man überprüft, ob die NPD verfassungswidrig ist, und wenn das so ist, sie auch verbietet. Aber erst mal denke ich, dass eine Meinung geäußert können werden muss. Auch wenn man sie selber total ablehnt. Bloß weil ich was nicht gut finde, heißt das nicht, dass ich's verbieten will.

CLAUDIA ROTH:

Absolut. Das ist manchmal ein schmaler Grat und allzuoft auch nur schwer auszuhalten. Aber auch hier sind das Grundgesetz und unsere historische Erfahrung ein guter Ratgeber. Wir haben ja bei uns etwas, was es in vielen Ländern nicht gibt und was teilweise auch auf Befremden stößt: die Strafbewehrung der Auschwitz-Leugnung. Wir sagen, wer Auschwitz, wer den Holocaust leugnet, der äußert keine Meinung, sondern begeht Volksverhetzung. Das ist tatsächlich hart an der Grenze, aber ich finde es nach wie vor richtig – auch aus Rücksicht auf die Überlebenden der Shoa und ihre Nachkommen. Oder nehmen wir die Debatte über Parteiverbote. Aus gutem Grund legt das Bundesverfassungsgericht die Hürde für ein Parteiverbot bei uns sehr hoch. Es muss nachgewiesen werden, dass eine Partei im wahrsten Sinne des Wortes verfassungsfeindlich und eine Gefahr für den demokratischen Rechtsstaat ist. Es gibt bei uns seit jeher sehr unterschiedliche Meinungen dazu. Ich war lange gegen jegliche Parteiverbote, weil ich immer gesagt habe, du kannst das Denken nicht verbieten. Ich bin in der Zwischenzeit aber überzeugt, dass man verfassungsfeindliche Parteien verbieten sollte, wenn die strengen Bedingungen des Verfassungsgerichts erfüllt sind. Natürlich sind deren Funktionäre und Anhänger dann nicht einfach verschwunden. Aber ein Verbot ist ein Schlag gegen deren Organisationsstruktur – und ein Zeichen, dass dieser Staat sich wehrt gegen die Feinde der Demokratie. Und vor allem stellt der Staat sich damit vor die Opfer, im Falle der NPD vor die Opfer des Rechtsextremismus in diesem Land.

Oder das Demonstrationsrecht: Es gab eine lange Debatte darüber, ob es rund um das Reichstagsgebäude eine Bannmeile geben solle. Das ist nicht durchgesetzt worden – was gut ist. Ich höre ganz oft von ausländischen Gästen, wie positiv sie es finden, dass man an diesen Bundestag rankommt, dass man auf die Kuppel gehen kann, dass man transparent dieses Parlament, die Abgeordneten von oben betrachten kann. Und ich hoffe sehr, dass es dabei auch bleibt. Als die Nazis durchs Brandenburger Tor marschieren wollten, gab es im Bundestag viele, die gesagt haben, man muss das Demonstrationsrecht einschränken. Aber wenn das Demonstrationsrecht zum Kern unserer Freiheitsrechte gehört, dann dürfen wir es doch nicht einschränken, nur weil ausgerechnet die Nazis es missbrauchen, die unsere Verfassung mit ihren Freiheitsrechten ja genau bekämpfen. Das wäre doch das perfekte Eigentor unserer Demokratie.

Wir haben das Demonstrationsrecht nicht eingeschränkt, aber wir haben Ausnahmen ermöglicht. Damit zum Beispiel eine rechtsextremistische Nazi-Demo nicht vor dem Holocaust-Mahnmal stattfinden kann und die da ihren Dreck von sich geben. Damit haben wir klargemacht: Die Grundrechte gelten, immer und überall – aber es gibt eben auch Grenzen, und zwar dort, wo die Verfassung selbst in Gefahr gerät und andere in ihrer Freiheit und Würde eingeschränkt werden.

FETSUM SEBHAT:

Das ist wirklich ein schwieriges Thema, ab wann Verbote okay sind. Wir wissen natürlich, alles fängt mit dem Gedanken an. Aber nur weil etwas eine negative Auswirkung haben kann, heißt das ja nicht, dass ich die Gedanken an sich unterdrücken kann. Und gerade in einer Gesellschaft, wie ich sie mir wünsche, einer Gesellschaft des offenen Dialogs, müssen wir solche Dinge auch aushalten können. Gerade weil wir uns ja Freiheit wünschen. Dieses Recht ist eben auch unteilbar – es gilt auch für Leute, die uns nicht passen. Sonst ist das ganze Konzept der Grundrechte, das Konstrukt einer Verfassung sehr fragwürdig.

Momentan hat man ja das Gefühl, dass es recht wenig braucht, um all das ins Wanken zu bringen, was wir glauben erreicht zu haben in unserer Gesellschaft. Unser Verständnis von Demokratie und die Gewissheit, gesellschaftlich ein Stück weiter zu sein als vor 25 Jahren, als in Lichtenhagen, Mölln und Hoyerswerda der rassistische Mob tobte, gerät schnell ins Wanken, wenn wir sehen, dass es schon wieder über tausend Attacken auf Flüchtlingsunterkünfte gab. Um die Stimmung in einem Land komplett zu verändern, braucht es letzten Endes einfach nur eine bestimmte Anzahl an Menschen, die aus einem anderen Kulturkreis nach Deutschland kommen.

Wobei das aus meiner Sicht ein notwendiger Test ist für die Demokratie. Ich finde, das sind perfekte Momentaufnahmen, um zu sehen, wie weit sind wir denn als Gesellschaft eigentlich, wie weit sind wir in einem Dialog miteinander, wie diskutieren wir eigentlich? Die Probe aufs Exempel gibt's sozusagen nur unter Beschuss. Wie stark ist denn der Freiheitsgedanke? Und wie fest glauben wir wirklich daran, dass unsere Stärke aus der Vielfalt kommt? Wie gut können wir ertragen, dass es zu vielen Fragen mehr als eine legitime und plausible Meinung gibt? Ich merke ja bei mir selbst, wie ich mich beherrschen muss, wenn in Diskussionen ein Gegenargument zu meiner Haltung kommt, das zumindest scheinbar funktioniert – ich will ja nicht emotional antworten und sagen, halt's Maul, du hast doch gar keine Ahnung, du hast das noch nicht erlebt.

Ich glaube, eine Demokratie muss belastbar sein und der Freiheitsgedanke muss belastbar sein. Wenn ich sage, ich bin Pazifist, und bei der ersten Situation, in der ich mich bedroht fühle, haue ich sofort drauf, dann bin ich vielleicht kein Pazifist. Das ist dann, als wenn ich sage, zwischen zwei Mahlzeiten bin ich immer Vegetarier.

Stärkt ein Burkaverbot die Demokratie?

FETSUM SEBHAT:

Auch die Burkadebatte ist so ein Thema. Viele Traditionen in islamischen Ländern (die oft leider gar nichts mit dem Islam zu tun haben) oder auch bei orthodoxen Christen wie in Eritrea heiße ich nicht gut. Punkt. Das ist meine persönliche Einstellung, das heißt aber nicht, dass ich mich nicht für Menschen einsetze, die nach diesen Traditionen leben. Die Leute, für die man kämpft, sind ja keine perfekten Menschen, die haben ja keine perfekte Haltung zur Welt. Und es kann sein, dass ich mich für jemanden einsetze, von dem ich weiß, dass er ein großer Gegner ist von Dingen, die ich für richtig halte. Voltaire hat das Nötige dazu bereits im 18. Jahrhundert gesagt: »Mein Herr, ich teile Ihre Meinung nicht, aber ich würde mein Leben dafür einsetzen, dass Sie sie äußern dürfen.«

Natürlich bin ich nicht gegen den Islam. Aber heißt das, dass ich auch kein Problem damit habe, wenn eine Frau komplett verschleiert oder teilverschleiert rumläuft? Ich sag's mal so: Ich finde es nicht cool, dass jemand komplett verschleiert ist. Aber ich weiß nicht, ob ich so weit gehen und sagen würde, das gehört verboten. Auch wenn es mir schwerfällt, zu glauben, dass das eine freie Entscheidung ist. Und obwohl ich finde, dass es in einer offenen Gesellschaft wie unserer eminent wichtig ist, dass die Menschen sich in die Augen schauen können, dass ich das Gesicht meines Mitmenschen sehe. Und darüber würde ich auch diskutieren mit Muslimen und auch fragen, wo steht die Burka im Koran? Aber verbieten würde ich sie nicht.

CLAUDIA ROTH:

Ich glaube, was sich jetzt bitter rächt ist, dass wir in Deutschland bis heute den Islam nicht wirklich eingebürgert haben. Die Muslime sind schon sehr lange die zweitgrößte Religionsgemeinschaft in Deutschland und Europa, nach den Christen. Aber wir haben das lange nicht als Realität wahrgenommen, dass Muslime in unserem Land leben. Wir haben das Grundgesetz mit dem Gebot der freien Religionsausübung einfach nicht auf Muslime angewendet. Gut, in Großstädten gibt es in der Zwischenzeit Moscheen, es gibt ein paar muslimische Friedhöfe. Aber es geht schleppend voran. Ich werde immer noch oft eingeladen zu Festen, die gefeiert werden, weil in einer Stadt endlich beschlossen worden ist, dass es auf dem Friedhof auch Grabstellen für gläubige Muslime gibt, also nach Mekka ausgerichtete Gräber. Oder weil endlich Möglichkeiten geschaffen werden, dass die Angehörigen ihre Toten waschen vor der Beerdigung; das ist im Islam eine religiöse Pflicht. Man hat über

Jahre schlichtweg nicht erlaubt, dass Menschen in Tüchern beerdigt werden, weil das mit den deutschen Friedhofsordnungen nicht zu vereinbaren war. Die man ja auch hätte ändern können.

Und da wundert man sich, dass viele gläubige Muslime, gerade mit türkischem Hintergrund, für ein Heidengeld eine Art Versicherung abschließen, damit sie nach ihrem Tod überführt werden, um nach dem muslimischen Ritus beerdigt zu werden in einem Land, das vielleicht das Land ihrer Vorfahren ist, in dem sie selbst aber nie gelebt haben. Und wir haben viel zu lange gebraucht, zu ermöglichen, dass Imame in Deutschland ausgebildet werden und dass man an deutschen Universitäten Islamische Studien oder Islamische Theologie studieren kann; das ist erst seit ungefähr 2010 möglich. Ich möchte, dass die Imame ihre Predigten nicht aus Ankara geschickt kriegen, ich möchte, dass die hier in Deutschland sozialisiert sind, dass sie in deutscher Sprache predigen können. *Können*, wohlgemerkt. In welcher Sprache letztlich gebetet wird, will ich niemandem vorschreiben – schließlich haben vor 60 Jahren viele katholische Priester in Deutschland auch noch Latein gesprochen. Wichtig ist, dass der Islam hier ankommt und dieses Land mit seiner Verfassung zu seiner Sache macht, anstatt dass wir ihn mit Debatten um ein Minarettverbot oder um ein Burka- und Verschleierungsverbot ins Abseits stellen.

Und glaub mal nicht, dass ich die Burka oder den Niqab gut finde, das irritiert und befremdet mich total. Ich bin nur vorsichtig, was die Motive dafür angeht, sich zu verschleiern. Es gibt sicher auch patriarchale Strukturen, wo der Imam oder wo der Mann sagt, wenn du überhaupt rausgehst, dann nur so. In einem solchen Fall bestraft man mit einem Burkaverbot aber doch das Opfer, also die Frau, dann doppelt, weil sie ohne Burka tatsächlich eingeschlossen und nicht mehr auf die Straße gelassen wird. Dann verbannen wir diese Frauen sozusagen aus dem öffentlichen Raum. Warum gehen wir nicht an die Imame ran, warum gehen wir nicht an die Männer ran, wenn wir dieses Thema wirklich ernst nehmen wollen? Mir ist es zu einfach, zu sagen, das finden wir nicht gut, das passt irgendwie nicht hierher, das muss verboten werden. Und was das dann für die Personen bedeutet, ist uns egal. Stattdessen sollten wir zeigen, was es heißt, in einer freiheitlichen Gesellschaft zu leben. Da gehört es dazu, den Finger in die Wunde zu legen, Missstände auch klar und deutlich zu benennen, aber eben nicht die gerade noch gelobten freiheitlichen Werte bei nächster Gelegenheit selber über den Haufen zu werfen. Denn es gibt sie eben auch, die Frauen, die sich ohne jeden Zwang verhüllen. Das muss uns nicht gefallen, aber wir können denen nicht einfach sagen: So, ab heute läufst du so oder so rum, ansonsten bleibst du ganz zuhause. Das widerspricht doch dem Selbstbestimmungsrecht eines jeden Einzelnen.

Und genau darin zeigt sich dann auch der Unterschied zwischen Deutschland und nichtdemokratischen Ländern. Mir wird manchmal vorgehalten, dass ich im Iran ein Kopftuch trage, mich also den dortigen Regeln »unterwerfe« – dann müssten sich die Frauen, die zu uns kommen, also auch unseren Gebräuchen anpassen und das Kopftuch abnehmen. Aber das ist doch genau der Unterschied zwischen Iran und Deutschland, dass wir hier eben keine Kleiderordnungen und Kleiderverbote erlassen. Ich vertrete eher den Ansatz der Einbürgerung, der Europäisierung, der Modernisierung – und der Unterscheidung von Gewalttätern und friedlichen Muslimen.

FETSUM SEBHAT:

Genau. Ich finde auch, Menschen müssen ihren Glauben und ihr Leben auf ihre Art und Weise frei leben können. Wenn ich jetzt in Saudi-Arabien wäre mit meiner Frau und ich wollte mit ihr Hand in Hand laufen oder sie auf offener Straße küssen, wäre das nicht erlaubt. Dafür würden sowohl meine Frau als auch ich in den Knast kommen. Deshalb würde ich mich dran halten – obwohl ich natürlich persönlich gegen solche drakonischen Regeln bin. Genau darum liebe ich diese Gesellschaft ja, in der ich lebe – weil es eine viel größere Toleranz gibt.

CLAUDIA ROTH:

Wir müssen diesen Spagat aushalten: Der Kampf um Freiheit und Emanzipation muss von denen geführt werden, die selbst betroffen sind, als Selbstbefreiung. Das können wir ihnen nicht abnehmen. Aber wir können sie natürlich dabei unterstützen. Das erlebe ich bei denjenigen, die sich jetzt als große Feministen inszenieren und als erstes die Burka verbieten wollen, übrigens nicht. Ich befürchte sogar, dass da ganz andere Motive eine Rolle spielen und die Frauen nur ein willkommenes Mittel sind, sich zu profilieren. Diese Form der Instrumentalisierung halte ich für gefährlich, und sie schadet dem Anliegen des Feminismus eher, als dass sie ihm nützt. Stattdessen sollten wir überlegen, wie wir solche Befreiungsdebatten und -kämpfe ernsthaft von außen unterstützen können, denn sie finden ja statt in den Migranten-Communities. Ich habe gerade kürzlich mit saudischen Künstlerinnen gesprochen, die erkämpfen sich beharrlich Freiräume, und zwar gegen enorme Widerstände.

Übrigens ist bei der Kritik an Traditionen oft auch eine Portion Doppelzüngigkeit dabei. Da wird dann gesagt, das sei eine Beleidigung für mich als Frau, wenn mir der Imam nicht die Hand gibt. Also erstens ist mir das ziemlich wurscht, ob mir jemand die Hand gibt oder nicht oder ob jemand was auf dem Kopf hat. Hauptsache, im Kopf ist was drin. Zweitens kriegen viele gar nicht mit, dass er stattdessen die Hand ans Herz legt, was für manche eine wärmere Geste bedeutet als Händeschütteln. Und drittens gibt es keinen solchen Aufstand, wenn ein orthodoxer Jude mir nicht die Hand gibt (was ich gar nicht kritisiere). Es soll auch schon eine konservative Ministerpräsidentin eines deutschen Bundeslandes gegeben haben, die mit Kopftuch zum Papst gegangen ist. Und niemand hat sie hinterher gefragt, ob sie von einem Mann dazu gezwungen wurde. Oder auch in Japan, da gibt man nicht die Hand. Das Protokoll des Deutschen Bundestages hat mich vor meiner Reise gewarnt: Bitte, Frau Roth, wir wissen ja, Sie sind ein sehr emotionaler Mensch, aber diesmal bitte wirklich nicht anfassen. Also eigentlich wollten sie sagen: Tun Sie bitte eines nicht und nehmen Sie die Japaner nicht gleich in den Arm. Wobei mich dann ein hoher japanischer Priester sogar geküsst hat, da gab es große Aufregung.

Also ich glaube, dass wir respektieren müssen, wenn Frauen sagen, ich ziehe ein Kopftuch an. Aber gläubige Muslime oder orthodoxe Juden müssen verdammt noch mal auch akzeptieren, dass schwule Männer sich auf offener Straße küssen oder dass es eingetragene Lebenspartnerschaften für gleichgeschlechtliche Paare gibt.

FETSUM SEBHAT:

Genau. Die Annäherung muss ja immer von beiden Seiten kommen. Und ich glaube auch nicht, dass ich dich befreien kann. Den Kampf, den du gekämpft hast in den Sechzigern und Siebzigern, den konntest du nur selbst führen.

CLAUDIA ROTH:

Für unsere Demokratie, die jetzt ihre Bewährungsprobe erlebt, wie Fetsum zu Recht sagt, war Nine Eleven sicher ein wichtiger Einschnitt. Seitdem haben wir diese Polarisierung zwischen der sogenannten »Achse des Bösen« und dem Rest. Weil der Terror im Namen des Islam natürlich verständliche Ängste auslöst. Leider geht dabei schnell die Differenzierungsbereitschaft den Bach runter. Wenn jemand Ali oder Mohammed heißt, ist er schließlich noch lange kein potenzieller Terrorist.

Und man muss sich auch mal fragen, was das eigentlich heißt, wenn sich deutsche oder europäische Jugendliche zum Islamischen Staat, zu Daesh, hingezogen fühlen. Was passiert da? Wie sind die hier aufgewachsen? Warum fühlen die sich plötzlich bei so einer Terrororganisation besser aufgehoben als in der deutschen oder europäischen Gesellschaft? Was haben wir da versäumt? Haben wir Fehler gemacht?

Sicherheit versus Freiheit

CLAUDIA ROTH:

Eine Frage, die wir nach Nine Eleven diskutiert haben und die nach den Terroranschlägen in Frankreich gerade sehr aktuell ist, ist die nach dem Verhältnis von Sicherheit und Freiheit. Der Artikel 2 des Grundgesetzes betont ja zweimal die Freiheit – auch das Recht auf Leben und körperliche Unversehrtheit lässt sich hier eher lesen als Schutz des Bürgers vor staatlichem Handeln. Trotzdem kann man natürlich diskutieren, welche Sicherheitsmaßnahmen der Staat ergreifen darf oder sogar muss, um das Leben seiner Bürger vor nichtstaatlichen Akteuren, also Gewalttätern, Terroristen und Verbrechern zu schützen.

Artikel 2 des Grundgesetzes lautet:
(1) Jeder hat das Recht auf die freie Entfaltung seiner Persönlichkeit, soweit er nicht die Rechte anderer verletzt und nicht gegen die verfassungsmäßige Ordnung oder das Sittengesetz verstößt.
(2) Jeder hat das Recht auf Leben und körperliche Unversehrtheit. Die Freiheit der Person ist unverletzlich. In diese Rechte darf nur auf Grund eines Gesetzes eingegriffen werden.

Ich glaube, dass unser Grundgesetz eher die Freiheit als Imperativ setzt und erst danach das Recht auf Sicherheit. Denn es gibt immer die Gefahr, dass man für mehr Sicherheit – hundertprozentige gibt es ohnehin nicht – Freiheit aufgibt und dass man damit das Geschäft derer besorgt, die unsere Freiheit bekämpfen und unseren freien Lebensstil ablehnen und zerstören wollen.

Benjamin Franklin hat sinngemäß gesagt:»Wer Freiheit aufgibt, um Sicherheit zu gewinnen, wird am Ende beides verlieren.«Ich glaube, das ist eine riesengroße Herausforderung an den demokratischen Rechtsstaat, an seine Glaubwürdigkeit und an seine Bindewirkung, dass sich unser Grundgesetz beweist, wenn's hart wird. Dass man Stärke nicht vermittelt, indem man in schwierigen Zeiten Freiheitsrechte einschränkt und damit das Geschäft der Rechtsextremen und Terroristen betreibt, sondern indem man die Verfassung verteidigt und hochhält.

Genau wie du es vorhin am Beispiel Italiens und Roberto Benignis gezeigt hast: Wir müssen uns wiederaneignen, wieder vergegenwärtigen, was der Artikel 1 bedeutet, oder was Presse- und Meinungsfreiheit bedeuten, was freie Wahlen bedeuten, was das Grundrecht auf Asyl bedeutet, das jedem einzelnen Menschen gehört. Dazu gehört übrigens auch das Recht auf Privatheit. Es gibt ja diesen Spruch:»Ich habe nichts zu verbergen.«Oder:»Wenn ich mir nichts habe zuschulden kommen lassen, stört mich die Datensammlung durch die Sicherheitsbehörden nicht.«Ich halte das für kurzsichtig, die Sammlung von Fluggastdaten, die Vorratsdatenspeicherung etc. so auf die leichte Schulter zu nehmen. Mal ganz abgesehen von der Frage, wie effizient das alles überhaupt ist: Ich meine, die Datensammelwut auch einer demokratischen Regierung muss in engen Grenzen gehalten werden – weil die persönlichen Daten zunächst einmal jedem Einzelnen gehören. Sind sie erst einmal erhoben und gespeichert, besteht eben auch immer die Gefahr, dass sie missbraucht werden.

Was darf der Rechtsstaat nicht?

CLAUDIA ROTH:

Ganz heikle Fragen an den Rechtsstaat stellen sich, wenn es um die Abwägung zwischen zwei Werten oder Rechtsgütern geht. Wenn also die Frage im Raum steht, ob der Zweck die Mittel heiligt. Und wirklich dramatisch wird es, wenn intuitiv fast jeder einer ausnahmsweise vorgenommenen Grundrechtsverletzung zustimmen würde, weil der Fall moralisch so eindeutig liegt. Als damals in Frankfurt ein Junge entführt wurde und man den Täter später gefasst hat, wurde ihm im Rahmen eines Verhörs Folter angedroht, um das Versteck des Jungen zu erfahren; man hoffte, das Kind noch lebend zu finden. Leider lebte der Junge da schon nicht mehr.

Die Frankfurter Entführung

2002 wurde in Frankfurt der elfjährige Sohn eines Bankiers von einem mit der Familie bekannten Studenten entführt. Nach der Übergabe des Lösegelds wurde der Entführer gefasst; der Junge blieb verschwunden. Der damalige Vize-Polizeichef von Frankfurt hoffte, den Jungen lebend finden zu können und drohte dem Entführer deshalb an, ihn unter ärztlicher Aufsicht der Folter zu unterziehen. Daraufhin gab dieser den Ort preis, an dem sich der Junge befand. Dort fand man dann dessen Leichnam.

Es folgten eine intensive gesellschaftliche Debatte und eine juristische Klärung der Frage, was ein Rechtsstaat in einer solchen Notsituation tun dürfe. Darf die Polizei das Folterverbot umgehen, um das Leben eines Menschen zu retten? Nein, urteilte schließlich das Frankfurter Landgericht. In der Begründung hieß es, dass das grundlegende Menschenrecht auf Wahrung der Menschenwürde nicht durch den Staat außer Kraft gesetzt werden könne – auch nicht in einer Notsituation.

Auch wenn es für viele schwer erträglich war: Ich fand es richtig, dass danach in einem Verfahren gegen den verantwortlichen Polizisten geklärt wurde, ob diese Folterandrohung rechtens war. Und man hält es fast nicht aus, es zu sagen, aber: Nein, das darf nicht sein. Weil der demokratische Staat sich eben unterscheidet vom nichtdemokratischen, von der Diktatur, vom Täter. Das war sicher eine der schwierigsten rechtspolitischen, demokratiepolitischen Diskussionen, die wir je hatten. Auch die Debatte über die Frage, ob die Bundeswehr ein entführtes Verkehrsflugzeug abschießen, also unschuldige Zivilisten töten darf, um größeres Unheil wie den absichtlichen Absturz in ein Fußballstadion oder auf ein Atomkraftwerk zu verhindern, gehört in diese Kategorie der unlösbaren Dilemmata, vor die ein Rechtsstaat gestellt werden kann – aber eben auch nur ein Rechtsstaat. Eine Diktatur fackelt da nicht lange.

Am intensivsten persönlich empfunden habe ich das Glück, in einem insgesamt gut funktionierenden Rechtsstaat zu leben, 1999 in Arizona. Ich war als Vorsitzende des Bundestags-Menschenrechtsausschusses dort, um im Rahmen eines Clemency-Hearings für die Wiederaufnahme des Verfahrens gegen zwei deutsche Staatsbürger zu werben, die aus der Nähe von Augsburg stammenden Brüder Walter und Karl LaGrand. Sie waren zum Tode verurteilt worden, weil sie 1982 mit 18 und 19 Jahren eine Bank überfallen und dabei den Bankdirektor mit einem Brieföffner getötet hatten. Nach ihrer Festnahme hatte man ihnen – im Widerspruch zum Wiener Übereinkommen über konsularische Beziehungen – über Jahre nicht ermöglicht, mit der deutschen Botschaft Kontakt aufzunehmen und sich Rechtsbeistand zu organisieren, wogegen die Bundesrepublik damals offiziell protestierte. In Deutschland passiert das hingegen ganz selbstverständlich, zum Bei-

Menschenrechte nach Nine Eleven

Nach den Terroranschlägen vom 11. September 2001 waren die Vereinigten Staaten im Rahmen des »War on Terror« für zahlreiche Menschenrechtsverstöße verantwortlich. Am meisten Aufsehen erregte der Folterskandal von **Abu Ghuraib**. In einem US-Militärgefängnis in Bagdad wurden zahlreiche Gefangene von Angehörigen des US-Militärs auf grausame und entwürdigende Weise misshandelt und gefoltert. Es handelte sich um willkürliche Demütigungen und Quälereien, die vermutlich in mindestens einem Fall tödlich endeten. Die Information und Aufarbeitung durch das US-Militär und die Justiz war zögerlich und geschah nur unter dem Druck der Öffentlichkeit.

Des Weiteren entführten US-Kommandos in den Jahren nach 2001 aus mehreren Ländern »Terrorverdächtige« an unbekannte Orte (**Extraordinary Reditions in Black Sites**). Gegen die Entführten lagen in der Regel keine ausreichenden Beweise vor, um den Weg eines regulären Auslieferungsverfahrens zu beschreiten.

Genehmigt und angewandt wurden nach dem 11. September **Foltertechniken in Verhören** wie beispielsweise das »Waterboarding«, bei dem Gefangene bis kurz vor dem Ertrinkungstod mit dem Kopf unter Wasser gedrückt wurden, oder **Schein-Hinrichtungen**.

Bis heute besteht auch das Gefangenenlager in **Guantanamo Bay** (US-Territorium auf Kuba), wo mutmaßliche Terrorverdächtige auf unbestimmte Zeit ohne Anklage und ohne anwaltlichen Beistand gefangen gehalten werden, häufig in Isolationshaft.

> Des Weiteren praktizieren die USA **gezielte Tötungen durch Drohnen**, bei denen bereits unzählige Zivilisten ums Leben gekommen sind. Viele Verstöße gegen internationales und gegen US-Recht wurden 2014 durch einen Bericht des US-Senats publik.

spiel, wenn ein hier stationierter US-Soldat in eine Straftat verwickelt ist.

1999 besuchte ich also die Gnadenanhörung am zuständigen Gericht, und nach mehreren Stunden Verhandlung war es schließlich an mir, vor der Jury noch ein letztes Mal für Walter LaGrand um Gnade zu bitten. Das war wirklich eine der schwierigsten Reden meines Lebens. Da saß dieser Mann, Walter LaGrand, im orangefarbenen Dress in seinem Käfig, wie man es dann später von Guantanamo kannte, in ganz engen Ketten, so dass er nur gebeugt sitzen konnte. Und es gab den ganzen Tag Unterstützungs- und Anklagereden. Und dann hat der Staatsanwalt geredet, den hat man damals »Mister Death« genannt, weil er ein gnadenloser Verfechter der Todesstrafe war. Und er hat gesagt, diese *German dogs*, diese deutschen Hunde, haben nichts Besseres verdient, als gekillt zu werden. Da hat's mich wirklich gerissen. Einerseits war es gut, dass er das genau so gesagt hat, weil es das unfreiwillige Eingeständnis war, dass sie genau wussten, dass es sich um zwei deutsche Staatsbürger handelte und man also wissentlich gegen das Wiener Abkommen verstoßen hatte. Aber andererseits war ein Staatsanwalt, der so redet, für mich das Gegenteil einer fairen Justiz. Und in dem Moment habe ich so etwas wie Sicherheit empfunden, weil mir klar war: Das wäre bei uns nicht denkbar. Die Todesstrafe ist dann trotz aller Versuche, sie von deutscher Seite noch zu verhindern, bestätigt worden. Das war ganz furchtbar und sicher eine der intensivsten Erfahrungen meines politischen Lebens. Danach wusste ich: Der demokratische Staat zeichnet sich dadurch aus, dass er eben nicht die Mittel des Verbrechers benutzt. Und genau das macht uns stark. Ich habe nicht das Gefühl gehabt, dass Deutschland im Vergleich zu Arizona ein schwacher Staat ist, sondern ich habe plötzlich gespürt: Bei aller Kritik und bei allem, was besser sein könnte: Ein starker Staat ist einer, dessen Bürger sich auf ihre Grundrechte berufen können und der sich nicht auf die Ebene »Auge um Auge, Zahn um Zahn« einlässt. Das war einer der Momente, in denen ich überzeugt war: Genau diese Stärke brauchen wir. Und genau deswegen ist Folter so brutal gefährlich, was die Glaubwürdigkeit eines Rechtsstaates angeht. Deswegen ist Guantanamo so zerstörerisch, weil die große Demokratie USA zeigt, dass sie sich nicht wirklich rechtsstaatlich gegenüber diesen Menschen verhält. Deswegen war Abu Ghuraib absolut furchtbar, wo man die Menschen entwürdigt, gequält und gedemütigt hat.

Diese Relativierung des Rechtsstaates ist auch deshalb so fatal, weil man mir und vielen anderen nun gerade in den wenig demokratischen Regionen dieser Erde, wenn wir uns dort für Verfolgte einsetzen, entgegenhalten kann: Hören Sie doch auf, uns irgendwas von Menschenrechten zu erzählen, wenn Sie gleichzeitig Guantanamo oder Abu Ghraib zulassen, wenn bei Ihnen Folter angewandt wird, wenn Menschen bei Ihnen gedemütigt werden in ihrer Menschenwürde oder in ihrem Glauben. Dann fühle ich mich plötzlich schwach. Denn der starke Staat ist nicht der, der Freiheit abbaut und sich im Inneren aufrüstet, sondern der starke Staat ist stark an Rechten des Einzelnen.

4
Starker Staat, starkes Europa?

CLAUDIA ROTH:

Der Begriff des »starken Staates« war ja früher ein rotes Tuch für mich. Weil damit etwas ganz anderes gemeint war, als ich für richtig hielt. Konservative wie Franz Josef Strauß und Alfred Dregger verstanden unter einem »starken Staat« ja immer nur »Law and Order«. Und auch für die Innenminister der Kohl-Ära, Friedrich Zimmermann und Manfred Kanther, bedeutete »starker Staat« in erster Linie: Polizeipräsenz, Einschränkung von Bürgerrechten und »Sicherheit vor Freiheit«. Für mich ist das aber ein schwacher Staat, der seine Bürger unter Generalverdacht stellt und ihnen die Grundrechte beschneidet. Ein starker Staat ist für mich stark an Grundrechten, stark an Demokratie, stark an Empathie, stark an Veränderungswillen und stark in seinem Glauben an eine bessere Welt. Der starke Staat packt an, hört zu und legt auch mal den Finger in die Wunde, wo es nötig ist. Er geht auf seine Bürger zu, ermutigt sie und hilft, wo keine Selbsthilfe möglich ist. Nur ein Staat, der in diesem Sinne stark ist, kann Schwachen helfen. Nur ein in diesem Sinne starker Staat kann Benachteiligte schützen und fördern und dafür sorgen, dass Hilfsbedürftige nicht sich selbst überlassen werden. Und nur ein in diesem Sinne starker Staat kann die natürlichen Lebensgrundlagen vor Ausplünderung und Zerstörung bewahren.

Die spannende Frage ist natürlich, wo verlaufen die Grenzen, wo endet der Schutz und wo beginnt die Bevormundung? Fetsum, wie siehst du das?

FETSUM SEBHAT:

Als Künstler bin ich natürlich erst mal freiheitsliebend, das heißt, ich bewege mich gerne frei und gestalte meinen Tag so, wie ich es brauche. Da macht mir die Vorstellung eines starken Staates, der mit Verordnungen und Verboten in mein individuelles Leben eingreift, erst mal eher Kopfweh. Aber gleichzeitig glaube ich, dass wir als Gesellschaft immer Rahmenbedingungen brauchen, die für uns alle gelten, das ist ja klar. Und diese Rahmenbedingungen kann ich nicht alleine für mich festlegen und daraus eine Allgemeingültigkeit herleiten. Ich glaube, Dinge, die das Kollektiv betreffen, müssen in repräsentativ zusammengesetzten Gremien entschieden werden.

Die Freiheiten des Individuums innerhalb eines gesellschaftlichen Kontextes, die gilt es ja immer wieder zu diskutieren, um zu gucken, was möglich ist, ohne dass ich durch meine Freiheitsbedürfnisse jemand anderen schädige. Also: Was ist das Angebot, in dem sich ein Individuum am besten entwickeln kann? Und was braucht's für uns alle, damit das Ganze auch funktioniert? Ein banales Beispiel: Muss ich um zwei Uhr nachts an einer roten Ampel stehen, wenn weit und breit kein Auto zu sehen ist? Oder kann ich einfach links und rechts gucken und dann rübergehen, wenn keiner kommt? Rein theoretisch werde ich bestraft, wenn ich über diese rote Ampel gehe und irgendwo ein Polizist im Busch hockt, an dieser menschenleeren Kreuzung, dann muss ich natürlich Geld bezahlen.

Das ist dann immer der Moment, wo ich mir denke, hey Leute, bitte, so viel Eigenverantwortung muss ja gegeben sein.

CLAUDIA ROTH:

Ich glaube, dass der Staat Verantwortung übernehmen muss. Ich möchte einen am Gemeinwohl orientierten Staat statt einer weiteren Privatisierung. Ich möchte einen inklusiven Staat – was viel mehr ist als integrativ –, der tatsächlich Rahmenbedingungen schafft, unter denen jede und jeder sich entfalten und selbstbestimmt leben kann. Der Staat soll die Bedingungen für Freiheit schaffen und sichern – für die politischen Freiheiten sowieso, aber auch für soziale Freiheit und Teilhabe. Er soll Menschen in die Lage versetzen, ihr Leben in jeder Lebensphase möglichst selbstbestimmt zu leben.

Starker Staat heißt für mich aber nicht paternalistischer Staat, der mir sagt, was für mich gut ist oder was mir schadet. Schweden beispielsweise entspricht nicht meiner Idee einer freien Gesellschaft, wie ich sie mir wünsche. Ganz sicher ist das ein starker und ein sozialer Staat, logisch. Aber ich möchte nicht, dass der Staat mir sagt, du sollst nicht so viel trinken, du sollst nicht rauchen, du sollst dieses und jenes tun – ich weiß das für dich. Da müssen wir auch bei uns aufpassen, es geht auch bei uns schon oft in diese Richtung. Ich will aber die Freiheit genießen, für mich selbst zu entscheiden. Dafür brauche ich aber eine Infrastruktur: Mobilität, Schulen, Kitas, Pflege und, und, und. All das ist keine Privatsache, die ich mir nur leisten kann, wenn ich reich bin, sondern das muss ein starker Staat bieten.

Und ich will einen Staat, der sich nicht darauf verlässt, dass das Ehrenamt irgendwie schon alles regelt. Es geht nicht, dass die Vertreter des Staates am Sonntag vom Ehrenamt schwärmen und sich unter der Woche selbst aus der Verantwortung stehlen. Zum Beispiel bei der Willkommens-Infrastruktur für die Integration der Geflüchteten, wo so mancher Bürgermeister sagt, ich habe ja die katholische Frauenunion, die kümmert sich dann schon drum. Oder ich habe die Willkommensinitiative, die macht das schon. Ich habe die Lehrerinnen, die geben dann in ihrer Freizeit den Nachhilfeunterricht, das geht uns nichts mehr an. Ich möchte nicht, dass der Staat sich da rauszieht. Natürlich können Ehrenamtliche manches viel besser, menschlicher, unbürokratischer tun als Verwaltungsbeamte. Aber ehrenamtliches Engagement darf eben nicht der Ersatz sein für staatliches Handeln. Der Staat soll das Ehrenamt also fördern und ermutigen und nicht behindern. Aber die notwendige Infrastruktur muss er schon selbst bereitstellen.

FETSUM SEBHAT:

Ich könnte das meiste davon unterschreiben. Ein starker Staat ist für mich einer, der seine Bürger dabei unterstützt, das Beste aus sich herauszuholen und frei zu leben. Wobei Freiheit immer zusammengehört mit der Bereitschaft, Verantwortung für die Gesellschaft zu übernehmen, in der man lebt. Freiheit ist für mich die absolute Bereitschaft, Verantwortung für sein Handeln zu übernehmen – ich glaube, das muss man jungen Leuten auch immer in einem Atemzug erklären. Keine Aktion bleibt ohne Reaktion. Was ich tue, wirkt immer auf andere. Deshalb heißt Freiheit nicht, dass ich mich über alles und alle hinwegsetzen kann. Wenn ich etwas tue, muss ich mir im Klaren darüber sein, dass ich auch die Verantwortung dafür übernehmen muss. Allerdings brauche ich auch ein Gegenüber, dem ich vertraue und dem ich etwas zutraue.

2015 kamen das Flüchtlingsthema, die Terroranschläge und der Syrienkrieg ins Zentrum der Aufmerksamkeit und der Medien. Davor waren es die Ukraine und der Grexit. Davor die Finanzkrise. Dazu die permanenten schlechten Nachrichten wegen des Klimawandels und, und, und … Man hat das Gefühl, es ist ein Horrorszenario nach dem anderen und alles geht permanent den Bach runter. Dauernd kommt die Botschaft: Ihr könntet alles verlieren. In Amerika fürchten wesentliche Teile des Mittelstands, in Richtung Armut abzurutschen. Und dasselbe droht auch in Europa. Das verursacht eine Art geistige Erschöpfung. Man denkt sich, vergiss mal die da oben und lass uns mal hier irgendwie unsere kleine Welt bewahren und davor beschützen, dass sich irgendwas ändert. Das funktioniert natürlich nicht – aber antworte mal mit rationalen Argumenten auf Ängste. Angst ist ja immer irrational. Als ich neulich mit meinem Freund, einem kraftstrotzenden 110-Kilo-Kerl, in den Flieger stieg und er anfing, sich irgendwo festzukrallen, musste ich erst mal lachen, bis ich realisierte, dass es ernst war, weil er einfach tierische Flugangst hat. Und wenn ich über die Menschen nachdenke, die der AfD so viel Zulauf verschaffen, dann frage ich mich, was man tun kann, um ihnen ihre irrationalen Ängste zu nehmen. Wie können sie wieder Vertrauen fassen?

Ich war kürzlich bei einem Empfang von Außenminister Steinmeier in der Villa Borsig, das war so ein Kulturempfang, mit verschiedensten Künstlern. Und Steinmeier hat eine sehr persönliche und sehr offene Rede gehalten. Er meinte so ungefähr, jetzt mal in meinen Worten:»Hey, gerade mit dem türkischen Außenminister gesprochen. Scherbenhaufen. Wir wissen gerade nicht, was wir machen sollen. Ich habe das Gefühl, die Türkei versteht die EU nicht, und wir als Deutschland und die EU verstehen irgendwie die Türkei nicht. Und das Schlimmste ist, dass der Dialog nicht stattfindet und die beiden Seiten einander nicht mehr zuhören.«

Und später stand ich bei ihm, und er erzählte: Morgen muss ich zum Wahlkampf nach Mecklenburg-Vorpommern, und da ist die und die Situation, die Jugend wählt nicht, es gibt so einen Vertrauensverlust und so weiter. Da habe ich gesagt, wissen Sie, genauso eine Rede, wie Sie sie gerade gehalten haben, die schafft zumindest bei mir Vertrauen. Genau dieses Eingeständnis, dass es keine Patentlösung gibt und dass Sie auch nicht weiterwissen manchmal.

Ich glaube, in der Phase jetzt ist so ein Sich-verletzlich-Machen extrem wichtig, gerade als gestandener Politiker, als Teil des sogenannten Establishments, das so angefeindet wird.

Das ist wie in einer Firma, die in Schwierigkeiten ist. Dem Chef, der mir zeigt, dass er nicht immer eine Antwort hat, dem glaube ich. Der weiß ja, dass ich ihm das vielleicht als Schwäche anrechnen könnte, aber das macht ihn doch stark. Wenn er sagt, du, pass auf, das ist die Situation, das letzte Quartal war sehr schlecht, wenn wir noch zwei weitere solche Quartale haben, können wir die Firma dichtmachen. Wir müssen jetzt hier echt alle an einem Strang ziehen. Ich glaube, das vereint die Leute ganz anders, als wenn er mit so Managersprüchen kommt und so tut, als habe er alles im Griff.

Ich frage mich oft, woher diese Politikverdrossenheit, diese Anti-Politiker-Stimmung kommt. In der Jugend oder als junger Twen, das kennen die meisten ja von sich selbst, sind andere Dinge oft wichtiger. Aber genau hier, glaube ich, müsste man ansetzen, um den Weg zu einem größeren Interesse zu ebnen. Allerdings ist es mit der Politik genauso wie mit allen anderen Dingen: Wie greifbar, wie verständlich und transparent sie ist, hängt davon ab, wie präsent und glaubwürdig ihre Vertreter sind.

Durch das Internet hat sich die Informationsflut vervielfacht – eine riesige Herausforderung für die gesamte Gesellschaft, vor allem aber für Teenager. Also sollte doch die Frage lauten: Wie baut man in der medialen Neuzeit einen Dialog auf, und welche Maßnahmen müssen ergriffen werden, um Vertrauen her- bzw. wiederherzustellen? Hier wäre mehr direkte Demokratie vielleicht ein Weg.

Direkte Demokratie

CLAUDIA ROTH:

Die Frage ist nur, in welchen Bereichen lasse ich Volksentscheide, Volksbegehren, Abstimmungen oder Initiativen zu und wo hat es eher keinen Sinn oder ist sogar gefährlich? In der Schweiz kannst du über alles eine Abstimmung verlangen – auch wenn das nicht kompatibel ist mit der Europäischen Menschenrechtscharta. Du kannst zum Beispiel eine Abstimmung darüber verlangen, dass alle Minarette abgerissen werden. Aber das verstieße gegen die Menschenrechtscharta, die auch für die Schweiz bindend ist. Das bedeutet, du lässt abstimmen, darfst das Ergebnis im Zweifel aber dann nicht umsetzen. Dadurch bekommst du eine gefährliche Stimmungsverschiebung in der Gesellschaft. Du erzeugst neben der Anti-Islam-Stimmung auch eine Anti-EU-Stimmung und eine Anti-Menschenrechts-Stimmung. Und genau das ist ja oft auch gewollt.

Und wenn Horst Seehofer und die CSU eine Volksabstimmung darüber fordern, ob die Türkei in die EU soll, ist das natürlich eine populistische Veranstaltung und keine Erweiterung der demokratischen Teilhabe von Menschen – mal davon abgesehen, dass es für den Beitritt eines Landes zur EU ein ganz klares Verfahren gibt, das auch durch einen Volksentscheid nicht mal so eben außer Kraft gesetzt werden kann.

Nicht nur die Wirtschaft hat sich im Zuge der Globalisierung zunehmend vernetzt, auch die Politik ist durch eine Vielzahl von internationalen Verträgen komplexer geworden. Da ist es mir zu einfach, so zu tun, als könne man das alles mal so eben auf ein Ja oder Nein reduzieren.

Und es gibt natürlich fundamentale Dinge, also Grundrechte, über die kann man meiner Meinung nach generell nicht abstimmen. Du kannst nicht abstimmen lassen über die Gleichberechtigung von Mann und Frau. Du kannst nicht abstimmen lassen über die Wiedereinführung der Todesstrafe.

Vor allem sollten wir endlich dafür sorgen, dass die Menschen, die bei uns leben, auch tatsächlich an Wahlen und Abstimmungen teilnehmen können. Wir müssen die Beteiligungsmöglichkeiten also auf die Verhältnisse in einem Einwanderungsland anpassen. Das bedeutet: Einbürgerungen erleichtern, den Doppelpass generell erlauben und zumindest bei Kommunalwahlen auch Menschen ohne deutschen oder EU-Pass ein Wahlrecht geben. Und dass bei uns immer noch nicht jedes Kind, das in Deutschland geboren ist, automatisch die deutsche Staatsbürgerschaft hat, ist wirklich von vorgestern.

Außerdem sollte Transparenz darüber herrschen, wer eine Volksabstimmung mit welchen Interessen vorantreibt. Denn natürlich besteht immer auch die Gefahr, dass Volksabstimmungen von finanzstarken Lobbygruppen für eigene Interesse gekapert werden.

FETSUM SEBHAT:

Das sind genau die Herausforderungen der direkten Demokratie, dass man nicht weiß, ob es wirklich um ein direktes Bedürfnis der breiten Bevölkerung geht oder ob da nicht auch gepusht wird, damit bestimmte Themen auf die Agenda kommen. Und natürlich kann man sich fragen, ob die Menschheit wirklich schon bereit ist für eine voll gelebte Demokratie, für eine direkte Demokratie – für die Verantwortung, die damit einhergeht. Die ist ja auch nicht jeder bereit, zu tragen. Wobei ich schon glaube, dass es sowas wie eine Schwarmintelligenz gibt. Selbst bei komplexen Fragen. Eben weil, wie du gesagt hast, die Leute sich informieren müssen, wenn ich ganz viel Verantwortung in ihre Hände gebe. Wenn ich weiß, dass ich mitgestalten muss, ist das anders, als wenn ich das Gefühl habe, mir werden die Entscheidungen abgenommen – im doppelten Wortsinne, also: Ich werde entlastet, es wird mir aber auch weggenommen. Und ich weiß oft gar nicht, wie diese Entscheidungen zustande kommen. Das fördert natürlich kein Mitverantwortungsgefühl.

Direkte Demokratie kann natürlich auch – in unserem Sinne gesprochen – schieflaufen, aber sie kann auch Großartiges hervorbringen. Es geht ja um die Balance zwischen Vertrauen und Kontrolle – wo braucht es viel Kontrolle und wo nicht? Mein Gefühl ist: Je mehr man versucht zu kontrollieren, desto häufiger gehen Sachen schief. Also: Wo kann und muss ich der Gesellschaft, in der ich lebe, vertrauen? Ich finde die Möglichkeit des Mitgestaltens jedenfalls sehr verlockend. Wenn ich weiß, dass ich an dem Zustand, in dem mein Land sich befindet, in dem die Gesellschaft sich befindet, aktiv teilhaben kann; wenn ich weiß, dass meine Stimme Gewicht hat – dieses essentielle Zugeständnis des Staates an die Gesellschaft bringt wahrscheinlich auch ein anderes Vertrauensverhältnis. Und natürlich heißt direkte Demokratie nicht, dass man mitmachen *muss*. Es geht ja um ein Angebot.

CLAUDIA ROTH:

Richtig. Volksentscheide sollten eine Ergänzung sein zur parlamentarisch-repräsentativen Demokratie, sie aber nicht ersetzen. Zusätzliche Beteiligungsrechte sind ein gutes Mittel, Interesse und Engagement zu stärken, und sie bringen natürlich auch mehr Verantwortung für die Menschen. Aber die Grundrechte und der Schutz von Minderheiten dürfen nicht zum Gegenstand von Abstimmungen und direkter Demokratie gemacht werden. Punkt.

Demokratie bedeutet ja nicht schrankenlose Herrschaft der Mehrheit. Das ist die Demokratieauffassung von Herrn Erdoğan oder Herrn Putin oder Herrn Orbán – die Mehrheit darf in allen Angelegenheiten über die Minderheit drübertrampeln. Das ist aber nicht meine Vorstellung von Demokratie. Dass eine Mehrheit der Bürger den Maßnahmen der Regierung zustimmt, macht allein noch keine Demokratie. Eine Demokratie erkennt man daran, wie der Staat und die Gesellschaft mit Minderheiten und mit (tatsächlichen oder vermeintlichen) Gegnern umgehen.

FETSUM SEBHAT:

Aber wie verhandelt man dann überhaupt gesellschaftlich über Grundrechte? Die waren ja nicht immer in Stein gemeißelt, sondern haben sich auch entwickelt. Wie kriegt man da überhaupt je Bewegung rein, wenn das Volk nicht darüber abstimmen soll?

CLAUDIA ROTH:

Das Grundgesetz ist ja damals noch unter dem unmittelbaren Eindruck des Zweiten Weltkriegs und der Terrorherrschaft der Nazis entstanden. Eine der historischen Erfahrungen aus dieser Zeit lautete: Es darf nie wieder passieren, dass aus einem demokratischen System heraus Minderheiten ihrer Rechte und ihrer Menschenwürde beraubt werden. Deswegen lässt sich innerhalb von Demokratien auch nicht über sie abstimmen, weil das ja bedeuten würde, dass man sich der Demokratie selbst entledigen könnte. Im Grundgesetz gibt es sogar die sogenannte Ewigkeitsklausel (Artikel 79, Absatz 3), die besagt, dass Artikel 1 und Artikel 20 auf ewig einer möglichen Verfassungsänderung entzogen sein sollen. Der Schutz der Menschenwürde, das Herz unserer Verfassung, lässt sich also ebenso wenig einschränken wie der föderale Staatsaufbau und das Selbstverständnis der Bundesrepublik als demokratischer und sozialer Bundesstaat. Alle anderen Artikel sind theoretisch durch Bundesgesetze mit Zweidrittelmehrheit des Bundestages sowie des Bundesrates änderbar.

Das bedeutet aber nicht, dass nicht um die *Auslegung* der Grundrechte gerungen und gestritten werden kann und sollte. Im Gegenteil, genau diese Auseinandersetzung über die Auslegung des Grundgesetzes gehört zu einer funktionierenden Demokratie total dazu. Das Grundgesetz lässt ja auch genau diese Offenheit zu und definiert sich nicht bis ins kleinste Detail. Aber es sagt in meinen Augen eben doch auch sehr klar, wo die Prioritäten liegen, nämlich beim Schutz der Menschenwürde als der obersten Norm.

Ich finde, wir sollten insgesamt mutiger sein und uns fragen, wo es Möglichkeiten der politischen Teilhabe gibt, die darüber hinausgehen, dass man sich alle vier Jahre oder alle fünf Jahre an einer Wahl beteiligen kann, und bei denen die Leute wirklich das Gefühl haben, dass sie einbezogen werden. In Kommunen wird das ja probiert über Bürgerhaushalte und Ortsbeiräte, da gibt's schon viele kreative Vorschläge. Aber wenn die Bürger dann tatsächlich einen Haushalt entwerfen, muss der auch umgesetzt werden. Sonst bleibt natürlich das Gefühl, hier würde politische Beteiligung nur vorgespielt.

Repräsentative Demokratie

CLAUDIA ROTH:

Ich glaube, dass unsere repräsentative Demokratie, unser Parlamentarismus und auch der föderale Staat insgesamt sehr gut funktionieren.

Zentralismus führt dagegen oft zu Problemen für regionale Minderheiten und an der Peripherie. Das sieht man an Ländern wie der Türkei oder Frankreich. Die Frage in föderalen Staaten ist dann allerdings, wo welche Kompetenzen liegen. Ich finde es zum Beispiel einen Schildbürgerstreich, dass bei uns die Bildungspolitik Ländersache ist. Es ist fast einfacher, von München nach Helsinki umzuziehen mit einem Schulkind, als von München nach Erfurt. Da stimmt was nicht. Aber dass wir zwei Kammern haben, dass wir den Bundesrat haben, dass die Bundesländer eine starke Stellung haben, das entspricht zum einen der kulturellen Vielfalt in unserem Land, und zum anderen kann damit Bundespolitik eben nicht nur durch die Wahl des Bundestages beeinflusst werden, sondern auch bei den Landtagswahlen. Beteiligung und Einfluss der Bürger werden dadurch ausgeweitet.

Für mich ist das Parlament das zentrale Verfassungsorgan. Wir haben ja leider die Tendenz, dass die Gewaltenteilung immer häufiger ignoriert wird, indem die Regierung sich ihre eigenen Gesetze schreibt und der Bundestag die dann abnickt. Vor allem in Zeiten einer Großen Koalition ist das zu beobachten. Aber in der klassischen Gewaltenteilung ist das Parlament das Verfassungsorgan, das sind die Vertreterinnen und Vertreter der Bevölkerung – nicht nur des Volkes, sondern der Bevölkerung. Es ist der Gesetzgeber.

Gewaltenteilung

Gewaltenteilung ist die Aufteilung staatlicher Gewalt in eine Exekutive (ausführende), eine Legislative (gesetzgebende) und eine Judikative (gesetzsprechende). Die Idee der Gewaltenteilung geht auf den französischen Philosophen Montesquieu zurück und war eine Reaktion auf den Absolutismus, in dem diese Sphären in keiner Weise getrennt waren. Wenn der Richter aber zugleich der Gesetzgeber und der Inhaber der Polizeigewalt ist, sind der Willkür eines solchen Herrschers keine Grenzen gesetzt. Ein zentrales Element der Gewaltenteilung ist die Unabhängigkeit der Richter von staatlichen Weisungen. Häufig wird unscharf von der »Unabhängigkeit der Justiz« gesprochen, was aber nicht ganz korrekt ist: Die Staatsanwaltschaften handeln selbstverständlich im Auftrag und auf Weisung des Staates.

Was das Parlament beschließt, hat politische Bindewirkung. Und es ist auch moralisch bindend. Und das gilt selbstverständlich auch für Resolutionen wie die berühmte Armenien-Resolution. Da kann sich eine Regierung nicht einfach vom Acker machen, indem sie den Eindruck erweckt, die Regierung sei ein vom Parlament völlig unabhängiges Organ.

FETSUM SEBHAT:

Und wenn sie das trotzdem tut?

CLAUDIA ROTH:

Dann ist das eine massive Respektlosigkeit gegenüber dem Verfassungsorgan Bundestag, von dem die Regierungschefin schließlich gewählt wurde. Ich bleibe beim Beispiel Armenien-Resolution. Der Bundestag hat im Juni 2016 einen Beschluss gefasst, der klare Anforderungen an das Regierungshandeln stellt – übrigens auch mit den Stimmen der Abgeordneten der Regierungskoalition. Das ist kein Schönwetter-Text, sondern wir setzen uns darin mit der eigenen Geschichte auseinander, mit der Mitverantwortung des deutschen Kaiserreichs für den Genozid an den Armeniern durch das Osmanische Reich. Außerdem formuliert die Resolution klare Erwartungen an die Regierung, was zum Beispiel ihre Rolle im Versöhnungsprozess zwischen der Türkei und Armenien betrifft. Also kann die Regierung nicht so tun, als hätte sie mit diesem Text nichts zu tun. Natürlich ist es kein Gesetz, aber es ist eine Resolution, die der Bundestag mit überwältigender Mehrheit angenommen hat und die die Regierung natürlich bindet.

FETSUM SEBHAT:

Und wie finden das die Parlamentarier, dass die Regierung sich nicht daran gebunden fühlt?

CLAUDIA ROTH:

Ich hätte mir sehr gewünscht, dass die Kritik an dem Vorgehen der Bundesregierung auch aus den Fraktionen gekommen wäre, die die Regierung stellen, und dass unsere gewählten Abgeordneten in diesem Fall sehr viel selbstbewusster gegenüber ihrer Regierung aufgetreten wären.

FETSUM SEBHAT:

Aber wenn die Mehrheit der Abgeordneten sich wirklich als Vertreter des Souveräns empfindet, dann müsste doch auch wirklich eine Mehrheit das als Affront empfinden und sich auflehnen gegen die Regierung.

Armenien-Resolution des Bundestags

In den Jahren 1915 und 1916 wurden die im damaligen Osmanischen Reich lebenden Armenier, als angebliche Kollaborateure der Kriegsgegner im Ersten Weltkrieg, einem systematischen Tötungsfeldzug unterworfen – entweder durch direkten Mord oder durch die Deportation (»Todesmärsche«) in Gebiete ohne Wasser und Nahrung. Etwa eine Million Menschen fielen dem Genozid zum Opfer. Die große Mehrheit der Historiker hat keinen Zweifel daran, dass es sich um ein geplantes und systematisches Vorgehen der osmanischen Behörden und damit um einen Völkermord im völkerrechtlichen Sinne gehandelt hat. Die erstmalige völkerrechtliche Definition des Begriffs »Völkermord« in der »UN-Konvention zur Verhütung und Bestrafung des Völkermords« geht sogar auf den Massenmord an den Armeniern zurück. Die Bezeichnung »Völkermord« ist allerdings ein Politikum. Die Türkei wehrt sich bis heute massiv gegen diese Einordnung; in der Türkei steht die Bezeichnung des Geschehens als Genozid als »Beleidigung der türkischen Nation« unter Strafe. Dies hat wohl mit einem nationalistischen Begriff von »Ehre« zu tun, aber vermutlich auch mit handfesten juristischen Befürchtungen vor Entschädigungsforderungen durch Hinterbliebene der damals ermordeten Armenier. Völkerrechtlich ist Völkermord ein nicht verjährender Straftatbestand – auch wenn umstritten ist, ob das Völkerstrafrecht hier rückwirkend anzuwenden wäre.

Viele Staaten haben lange davor zurückgeschreckt, das NATO-Mitglied Türkei durch das Benennen der

Tatsache zu verärgern, dass die Armenier 1915 Opfer eines Völkermords geworden sind – und Staaten wie die USA, Großbritannien und Israel vermeiden das Wort bis heute. Der Deutsche Bundestag hat sich im Juni 2016 – nach mehreren Anläufen seit 2005 – durch eine Resolution denjenigen ca. 20 Staaten angeschlossen, die das Wort »Völkermord« nicht mehr aus diplomatischer Rücksicht vermeiden. Bereits zuvor hatten die beiden höchsten Repräsentanten Deutschlands, Bundespräsident Joachim Gauck und Bundestagspräsident Norbert Lammert, die Geschehnisse unter Verwendung des Tabuworts »Völkermord« beim Namen genannt. Der Wortlaut der Bundestagsresolution, die der Opfer gedenkt, die Mitverantwortung des deutschen Kaiserreichs als damaligem Verbündeten des Osmanischen Reichs betont und für eine Versöhnung zwischen Armeniern und Türken plädiert, ist im Internet auffindbar.

Die Türkei reagierte empört und nutzte ihre diplomatischen Druckmittel gegen Deutschland, das über Verpflichtungen innerhalb der Nato und wegen des europäischen Abkommens zum Umgang mit Kriegsflüchtlingen eng an die Türkei gebunden ist. Im September 2016 erklärte die Bundesregierung zur Besänftigung der türkischen Regierung, bei der Resolution des Bundestages handele es sich nicht um ein Gesetz, das die Regierung binde, sondern um eine Meinungsäußerung des von der Regierung unabhängigen Parlaments. Dieses Statement wurde von manchen als geschickte Symbolpolitik und Erläuterung einer Selbstverständlichkeit verstanden, von anderen als unzulässige Distanzierung der Regierung vom sie tragenden Parlament kritisiert. Die türkische Regierung erklärte sich zufrieden mit der Aussage der Bundesregierung und legte das diplomatische Zerwürfnis vorerst bei.

CLAUDIA ROTH:

Absolut. Das wünsche ich mir auch. Ich wünsche mir ein sehr viel selbstbewussteres Parlament.

FETSUM SEBHAT:

Das finde ich gut, was du sagst, aber es hat ja doch stark Appellcharakter.

CLAUDIA ROTH:

Natürlich ist diese Große Koalition auch ein Problem für den Parlamentarismus: Wenn die Regierung 80 Prozent der Abgeordneten hinter sich hat, dann kannst du dir vorstellen, was das für die Debatten im Bundestag bedeutet. Und von 2005 bis 2009 war es ja nicht groß anders. Sieben der letzten elf Regierungsjahre waren Große-Koalitions-Jahre. Das ist das eine. Ein anderer Punkt ist aber auch, dass die Sachverhalte in einer globalisierten und vernetzten Welt immer komplexer werden. Das birgt die Gefahr, dass Entscheidungen den Menschen immer weiter entfernt erscheinen. Deswegen wäre es so wichtig, in einem vereinten Europa und in einer vernetzten Welt Kompetenzen viel stärker von den Regionen aus zu denken und sie wieder näher an die Bürgerinnen und Bürger heranzuholen und gleichzeitig die Integration Europas voranzutreiben.

FETSUM SEBHAT:

Manche hatten ja sogar Zweifel, dass die Abgeordneten selbst bei den Abstimmungen über die Euro-Rettungspakete alle durchgeblickt haben, wie das eigentlich funktioniert.

CLAUDIA ROTH:

Ganz bestimmt nicht, wie soll das in so kurzer Zeit auch gehen? Hier waren die Beratungszeiten und damit auch die demokratischen Verfahren definitiv nicht angemessen, auch wenn man auf die Reichweite der Entscheidungen blickt, die wir da getroffen haben. Wir müssen lernen, Entscheidungen so zu übersetzen, dass die Menschen sie verstehen können und wir uns nicht in reinen Expertendebatten wiederfinden – damit das Plenum wieder mehr zum Ort der Politisierung von Debatten und von Fragestellungen wird. Das ist die Aufgabe der demokratischen Parteien. Und da bin ich schon stolz, um mal ein Beispiel zu nennen, dass wir Grüne als einzige Partei die Debatte über das Für und Wider von Auslandseinsätzen tatsächlich geführt haben. Mit allen Schmerzen. Die anderen Parteien haben die ja einfach nicht geführt, sondern die sagen entweder immer sehr schnell Ja, oder sie sagen prinzipiell Nein.

Oder: Wie ist über die Einführung von Hartz IV diskutiert worden in den großen Parteien? Bei der SPD faktisch gar nicht. Man hat zwei Stunden einen Parteitag gemacht, einen Konvent, dann haben zwei, drei Leute geredet, das war's dann. Beschlos-

Euro-Einführung und Euro-Rettung

Am 23. April 1998 beschloss der Bundestag mit nur 35 Nein-Stimmen und fünf Enthaltungen die Einführung des Euro als neuer, gesamteuropäischer Währung ab 2002. Vorangegangen war eine jahrelange Debatte. Die Erfahrung der Hyperinflation in der Weimarer Republik war tief im kollektiven Gedächtnis verankert und die Deutsche Mark war für viele zum Sinnbild des Wohlstands und der Stabilität geworden.

Die Kritik an der neuen Währung kam auch von Wirtschaftswissenschaftlern: Es würden sehr unterschiedliche Wirtschaftssysteme und -philosophien sowie verschieden weit entwickelte Volkswirtschaften durch eine einheitliche Währung zusammengezwungen – und es gebe keine gemeinsame Wirtschafts- und Finanzpolitik, um die Unterschiede an- und auszugleichen. Befürworter argumentierten demgegenüber stets, eine gemeinsame Währung sei nötig, um den Binnenmarkt zu sichern und fortzuentwickeln.

Die Debatte über die Stabilität und Legitimität der gemeinsamen Währung flammte im Zuge der drohenden Staatspleite Griechenlands und der Probleme Portugals, Spaniens und Irlands ab 2010 wieder auf und führte unter anderem Anfang 2013 zur Gründung der Partei *Alternative für Deutschland* (AfD), die ursprünglich eine liberalkonservative und Euro-kritische Ausrichtung hatte.

Ein Ausscheiden Griechenlands und ein Auseinanderbrechen der Euro-Zone wurde schließlich mit Hilfe dreier »Rettungspakete« verhindert, mit denen zwischen 2010 und 2015 hohe dreistellige Milliardenbeträge an direkten Krediten und an Garantien zur Verfügung gestellt wurden – aufgebracht von den Euro-Staaten und dem Internationalen Währungsfonds (IWF). Über die hierfür geschaffenen, hochkomplexen Finanzinstrumente – EFSF (European Financial Stability Facility; Europäische Finanzstabilisierungsfazilität) und ESM (Europäischer Stabilitätsmechanismus) – mussten die Abgeordneten der nationalen Parlamente jeweils unter hohem Zeitdruck und nach geringer Vorbereitungszeit entscheiden.

sen. Aus die Maus. Was haben wir gemacht? Sonderparteitage. Das ist mega-anstrengend. Aber dazu braucht es politische Parteien, um diese Debatten zu organisieren und zu führen, um dann in den Gesetzgebungsprozess gehen zu können. Wir brauchen eine Politisierung der Auseinandersetzung. Die hat sich viel zu sehr rausverlagert in die Talkshows.

FETSUM SEBHAT:

Also das Abstrakte, das kann ich auf jeden Fall bestätigen. Vor allem natürlich bei Entscheidungen auf höheren Ebenen, also bundespolitisch. Und erst recht, wenn internationale Akteure und Verpflichtungen mit ins Spiel kommen – sei es die NATO, die EU, der Internationale Währungsfonds oder was auch immer. Jemand, der nicht wirklich in den Themen drinsteckt und die Begriffe kennt und weiß, wie die Abstimmungsverfahren und Entscheidungswege sind, der kann sich nicht lange auf eine Debatte konzentrieren, weil vieles gesagt wird, was er gar nicht versteht und verstehen kann. Und wenn dann heikle Gesetze im Sommer durchgewinkt werden, während der WM, dann entwickeln Menschen, auch ohne viel Ahnung zu haben, ein Misstrauen. Deshalb sind Transparenz und Öffnung so wichtig – auch, um zu zeigen, wo unsere Politiker gar nicht alleine entscheiden können oder schlicht machtlos sind. Ich glaube, die verbreitete Anti-Politik-Stimmung kommt auch von dem verbreiteten Missverständnis, wenn der Bundestag es nur wollte, könnte er alles regeln und ändern – von der Ungerechtigkeit des Weltwirtschaftssystems bis zum Wetter. Deshalb ist es so wichtig, zu zeigen: Wir wissen, dass vieles nicht perfekt ist, aber wir arbeiten dran, im Rahmen unserer Möglichkeiten.

CLAUDIA ROTH:

Ein Parlament lebt, ähnlich wie eine Demokratie, nicht nur von der Mehrheit. Ein Parlament ist dann lebendig, wenn auch die Minderheit entsprechende Rechte hat. Opposition ist eben kein »Mist« (wie Franz Müntefering von der SPD das mal genannt hat), wenn sie starke Möglichkeiten, starke Rechte und ein starkes Podium hat. Ich hätte mir deswegen auch gewünscht, dass man in der Parlamentsreform vereinbart hätte, dass auf jede Rede der Mehrheitsfraktion eine Gegenrede der Opposition folgt. Und nicht, wie momentan in der Großen Koalition: Rede, Rede, Rede, Rede und dann erst eine Gegenrede.

Und um eine demokratische Meinungsbildung zu schaffen und das Parlament wieder zu einem attraktiven Ort der politischen Debatten zu machen, braucht's eben auch eine Offenheit. Ich muss zuhören, was mein Vorredner aus der Regierungskoalition sagt, und er muss sich dann auch die Gegenrede anhören. Vielleicht ist das romantisch, aber ich glaube, das würde dem demokratischen Willensbildungsprozess zugutekommen. Dazu gehört auch, Anträge der Opposition vorbehaltlos daraufhin zu prüfen, ob sie inhaltlich etwas taugen oder nicht, anstatt sie automatisch vom Tisch zu wischen. Was von der anderen Seite kommt, wird prinzipiell abgelehnt. Der Bundestag sollte jedoch ein Ort der lebendigen Debatte sein, der Auseinandersetzung, des Zuhörens, der Fähigkeit, aufeinander einzugehen – und nicht des Rituals und der Verteilung der Redezeit stur nach der Größe der Fraktionen, wo man dann höchstens paternalistisch den kleineren Fraktionen mal ein bisschen was abgibt. In den Debatten des Bundestages sollte sich die Buntheit und die Vielfalt in unserer Gesellschaft abbilden.

FETSUM SEBHAT:

Claudia, was sagst du, wenn Volker Kauder von der CDU vorschlägt, den Fraktionszwang und damit die Disziplin zu stärken, wie letztes Jahr wegen der wackligen Griechenland-Abstimmung? Das ist ja dann eher ein totes als ein lebendiges Parlament, oder?

CLAUDIA ROTH:

Ich komme ja aus einer Partei, wenn du da so eine Ansage machst, dann kannst du gleich einpacken. Es ist natürlich sehr anstrengend, wenn man kein bindendes Abstimmungsverhalten in den Fraktionen hat. Und wenn jeder tut, was ihm oder ihr gerade einfällt, ist auch kein Profil mehr erkennbar. Für die Wähler wird es dann schwierig, bei der nächsten Wahl zu ent-

Lobbyismus

Als »Lobbyisten« werden Akteure bezeichnet, die gezielt Einfluss auf das Handeln von Parlamenten, Parteien, einzelnen Abgeordneten, Verwaltungen und Regierungen nehmen, um ein bestimmtes (Partikular-)Interesse zu befördern. Der Einfluss kann in direkter Form, also durch Gespräche und Korrespondenz ausgeübt werden, aber auch indirekt, also über Medien und Öffentlichkeit. Im Bundestag haben seit 2013 über 1 100 Lobbyisten durch einen von einer Fraktion ausgestellten Hausausweis regelmäßigen Zugang zu den Bundestagsgebäuden erhalten.

Häufig wird unterschieden zwischen externem und internem Lobbying. Ersteres bedeutet, dass beispielsweise Verbandsvertreter Zugang zu entscheidenden Stellen und Personen haben und diese beispielsweise durch Informationen und Unterstützungsleistungen beeinflussen. Internes Lobbying wäre, wenn ein Mitarbeiter oder der Abgeordnete selbst gleichzeitig für einen Verband arbeitet oder in dessen Auftrag in die Politik entsandt wurde.

In den vergangenen Jahren wurde ein bedeutender Anteil der Gesetzesvorhaben, die die Regierung in den Bundestag einbrachte, nicht in den zuständigen Ministerien verfasst, sondern von externen Akteuren wie beispielsweise Anwaltskanzleien, die im Auftrag von Industrieverbänden etc. handelten.

Wegen der zunehmenden Komplexität der Materie wäre es naiv, anzunehmen, dass das Parlament und die Ministerien mit ihren Apparaten allein alle Sachverhalte und Aspekte prüfen und gewichten könnten. Insofern muss Lobbyismus in modernen Demokratien als bestimmender Teil politischer Entscheidungsprozesse angesehen werden. Auch zählen Nichtregierungsorganisationen wie Amnesty International, Pro Asyl oder Greenpeace zu den Lobbygruppen, die Einfluss auf die Politik nehmen. Die meisten Forderungen in diesem Zusammenhang zielen deshalb nicht auf das komplette Verbot des Lobbyings ab, sondern auf maximale Transparenz, die Interessen offenlegt und es so ermöglicht, die Grenze zur Korruption möglichst klar zu ziehen.

scheiden, welcher Partei sie den Vorzug geben wollen. Denn sie wissen ja dann gar nicht, was sie bekommen, wenn sie Partei X wählen. Aber man kann natürlich keinen Zwang ausüben. Die Abgeordneten sind frei in ihren Entscheidungen und individuell verantwortlich. Klar sollten sie sich orientieren am Meinungsbildungsprozess der Partei, für die sie ja auch im Parlament sitzen. Aber Fraktionszwang ist ja die Angst, die Mehrheit zu verlieren oder den eigenen Laden nicht im Griff zu haben. Und da hat Volker Kauder dann – ich vermute in der Zeit der Griechenland-Rettungspakete, die viele CDUler einfach nicht mittragen wollten – auf Disziplin und Zwang gesetzt. Anstatt dass die Union diesen Konflikt einmal offen ausgetragen und ausdiskutiert hätte.

Auf Dauer kann man keine Disziplin erzwingen – und das täte dem Parlamentarismus auch nicht gut. Prinzipiell ohne Fraktionsdisziplin sind übrigens Entscheidungen, bei denen es um Leben und Tod geht. Dann ist es immer eine Gewissensentscheidung eines jeden einzelnen Abgeordneten – ob es nun um den Einsatz der Bundeswehr im Ausland geht, die Präimplantationsdiagnostik oder die Sterbehilfe. Solche Debatten sind übrigens meistens die spannendsten, weil da immer auch der persönliche Ausgangspunkt eines Abgeordneten zum Tragen kommt. Und solche Debatten brauchen wir, um zu zeigen, dass Politik sich anstrengt und mit sich ringt, dass Kompromissfähigkeit auch zur Politikfähigkeit gehört, dass wir uns ehrlich bemühen, auch die ganz schwierigen Themen zu bearbeiten und Lösungen zu finden. Damit man dieser Politikverdrossenheit entgegenwirkt, die sagt: Die sind alle gleich und denen geht's nur um ihre Karriere und ums Geld. Dieser schreckliche Populismus, der eine Entdemokratisierung mit sich bringt, weil er Politiker, die demokratisch gewählt wurden, pauschal diffamiert und mit den Ängsten der Menschen spielt, indem er ihnen vormacht, es könne einfache Antworten auf schwierige Fragen geben. Da rückt dann die Auseinandersetzung in der Sache und die Würde des Gegenübers ganz schnell in den Hintergrund.

Auch in Sachen Transparenz und Barrierefreiheit müsste das Parlament noch weiter nachlegen. Warum haben wir zum Beispiel immer noch nicht flächendeckend ein Angebot, dass auch Menschen, die gehörlos sind, die Debatten verfolgen können? Das dauert alles zu lange.

Und warum hat die Mehrheit beschlossen, dass Ausschuss-Sitzungen nichtöffentlich sind? Was haben wir denn zu verstecken? Warum tagt der Entwicklungsausschuss nichtöffentlich? Warum ist der Sportausschuss des Deutschen Bundestages nichtöffentlich? Repräsentative Demokratie bedeutet doch auch demokratische Kontrolle durch den Souverän, und der Souverän sind nun mal die Bürgerinnen und Bürger. Da würde ich mir sehr viel mehr Offenheit von Seiten des Parlaments wünschen. Und, wie gesagt, oftmals mehr Selbstbewusstsein der Abgeordneten gegenüber ihrer eigenen Regierung. Wenn die Regierung es sich zum Beispiel leistet, auf Anfragen der Abgeordneten, denen gegenüber sie ja verantwortlich ist, monatelang keine Antworten zu geben oder in die Fragestunden des Bundestages immer nur die Staatssekretäre zu schicken, würde ich mir wünschen, dass selbstbewusste Abgeordnete auch aus den Regierungsfraktionen da sehr viel deutlicher ihre Kritik äußern.

Auch würde ich mir sehr wünschen, dass viel stärker hinterfragt und begründet wird, was machen wir öffentlich und was nicht? Was ist geheim, was ist nicht geheim? Und warum ist was geheim? Beispielsweise, wenn es um das Schwärzen von Akten geht, die Untersuchungsausschüsse anfordern.

Es braucht sehr viel mehr Transparenz, es braucht sehr viel mehr Kontrolle. Denn Demokratie braucht nicht dunkel, sondern Demokratie braucht hell. Warum haben wir noch kein verpflichtendes Lobbyregister, in dem alle Lobbyisten angeben, mit welchem Budget, in wessen Auftrag und zu welchem Thema sie Einfluss auf die Politik nehmen? Sei es auf europäischer Ebene oder im Bundestag. Wer ist an der Gesetzgebung wie beteiligt? Also da braucht's sehr viel mehr Kontrollmöglichkeiten.

Eine Schwächung des Parlamentarismus bedeutet es natürlich auch, wenn wir dauernd zum Verfassungsgericht gehen müssen und dessen Urteile mehr und mehr zum Politik-Ersatz werden.

Ein Beispiel: Wir haben nach wie vor keine gleichen Rechte für Lesben und Schwule, was Ehe und Familie angeht. Aber die Regierungsmehrheit agiert nicht, sondern wartet ab, ob das Verfassungsgericht die nächste Entscheidung trifft und dem Gesetzgeber eine Frist setzt, hier eine Entscheidung zu

Das Bundesverfassungsgericht

Das Bundesverfassungsgericht ist vom Grundgesetz zum Hüter der Verfassung bestimmt. Das Gericht überprüft auf entsprechenden Antrag Bundesgesetze sowie das Handeln staatlicher Behörden auf ihre Verfassungsmäßigkeit – auch im Falle internationaler Abkommen. Außerdem ist es die einzige Instanz, die eine Partei verbieten kann.

Das Gericht ist gegenüber allen anderen Bundeseinrichtungen selbstständig, unabhängig und ihnen gleichgeordnet. Der Präsident des Gerichts hat nach dem Bundespräsidenten und dem Bundestagspräsidenten das dritthöchste Staatsamt der Bundesrepublik Deutschland inne.

Die Überprüfung von Gesetzen auf ihre Übereinstimmung mit dem Grundgesetz wird **Normenkontrolle** genannt. Zum einen kann ein Gericht ein Gesetz prüfen lassen, auf das es sich zur Urteilsfindung stützen muss, wenn es Zweifel hat an dessen Verfassungsmäßigkeit (»konkrete Normenkontrolle«). Zum anderen können die Bundesregierung, eine Landesregierung oder der Bundestag (wenn mindestens ein Drittel der Abgeordneten zustimmt) das Gericht auffordern, ein beschlossenes Gesetz zu überprüfen (»abstrakte Normenkontrollklage«).

Einzelne Bürger können nicht direkt vor dem Bundesverfassungsgericht klagen. Nur wenn alle anderen Rechtsmittel ausgeschöpft sind – sprich: der Fall schon alle Instanzen durchlaufen hat –, können Bürger in Karlsruhe Verfassungsbeschwerde einlegen.

Auch ein Parteienverbot kann nur von den Verfassungs-organen Bundestag, Bundesrat und Bundesregierung beantragt werden.

Die Mehrheitsfraktionen im Bundestag werden immer öfter dafür kritisiert, dass zur Vermeidung koalitionsin-terner Konflikte Gesetze beschlossen werden, deren Ver-fassungswidrigkeit offensichtlich ist – und dass vom Verfassungsgericht auferlegte Fristen für Gesetzesände-rungen ignoriert oder bis zum Letzten ausgereizt wer-den.

Unter anderem griff das Verfassungsgericht in folgende Gesetzgebungen ein, die bereits im Vorfeld heftig disku-tiert worden waren:

Vorratsdatenspeicherung: Das Gesetz zur Vorratsdaten-speicherung vom 31. Dezember 2007 wurde am 2. März 2010 für verfassungswidrig erklärt, da es mit Artikel 10 des Grundgesetzes (Brief-, Post- und Fernmeldegeheim-nis) nicht vereinbar sei. Dies gelte auch, wenn das Ge-setz eine EU-Verordnung umsetze. Die Vorratsdatenspei-cherung wurde 2015 durch ein geändertes Gesetz neu eingeführt.

Wahlrechtsreform: 2008 wurde das bisherige Wahlrecht für verfassungswidrig erklärt, für die Bundestagswahl 2009 aber übergangsweise noch einmal zugelassen. Die 2011 verabschiedete Reform, die CDU/CSU und FDP ge-gen die Stimmen der Opposition durchsetzten, schei-terte 2012 erneut – diesmal ohne Übergangsfrist. Es bestand somit die Gefahr, dass die Bundestagswahlen 2013 mangels gültigen Wahlrechts abgesagt oder für ungültig erklärt würden. Nach langen Debatten einigten sich schließlich alle Fraktionen auf ein neues Wahlrecht.

Luftsicherheitsgesetz: Nach dem 11. September 2001 beschäftigte sich auch die deutsche Politik mit der Gefahr eines möglichen Anschlags durch die Entführung eines Passagierflugzeugs. Am 11. Januar 2005 wurde das Luftsicherheitsgesetz verabschiedet. Dieses hatte im Falle eines drohenden Terroranschlages mit Hilfe eines Passagierflugzeuges dessen Abschuss durch die deutsche Luftwaffe gestattet. Am 15. Februar 2006 erklärte das Bundesverfassungsgericht, dass dies mit dem Recht auf Leben (Artikel 2 GG) und der Menschenwürde (Artikel 1 GG) nicht vereinbar sei, da tatunbeteiligte Menschen betroffen wären.

Frühere Beispiele für vielbeachtete Verfassungsgerichtsentscheidungen über eminent politische Angelegenheiten waren unter anderem:

- das Verbot der rechtsextremen Sozialistischen Reichspartei SRP (1952) sowie der Kommunistischen Partei Deutschlands KPD (1956)
- das gescheiterte NPD-Verbot (2003)

sowie diverse Urteile:

- zum Staatseinfluss auf den Rundfunk (»ZDF-Urteil« 1961)
- zum Abtreibungsverbot (1975 und 1993)

- zum informationellen Selbstbestimmungsrecht der Bürger (»Volkszählungsurteil« 1983; Online-Durchsuchungen 2008)
- zur Trennung von Staat und Kirche (»Kruzifix-Urteil« 1995)
- zur Meinungsfreiheit (»Soldaten-sind-Mörder«-Urteil 1995)
- zur gleichgeschlechtlichen Ehe (2002)
- zu den internationalen Verflechtungen Deutschlands (Auslandseinsätze 2008; EU-Vertrag von Lissabon 2009; Euro-Rettungsschirm 2011)
- zum »menschenwürdigen Existenzminimum« (»Hartz-IV-Urteil« 2010)

Bedeutsam sind oft nicht nur die Urteilssprüche des Bundesverfassungsgerichts selbst, sondern auch die Begründungen, die häufig rechtliche Standards für das jeweilige Politikfeld formulieren und die vom Grundgesetz gezogenen Grenzen für die Politik abstecken.

treffen. Erst dann, unter diesem Druck, beginnen sie mit der Arbeit. Anstatt zu sagen, wir machen jetzt unsere Arbeit als Parlament, und die Mehrheit setzt sich dann durch, wird gewartet, dass vom Bundesverfassungsgericht eine Entscheidung kommt.

Auch bei der Frage, wer wählen darf, brauchen wir mehr Beweglichkeit. Über das fehlende Kommunalwahlrecht für Bürger ohne deutschen Pass oder ohne EU-Staatsbürgerschaft haben wir ja schon gesprochen. In manchen Bundesländern darf man bereits ab 16 Jahren wählen – ich finde das gut.

Wahlrecht ab 16

Das passive Wahlrecht (gewählt zu werden) und das aktive Wahlrecht (zu wählen) liegt auf Europa-, Bundes- und Landesebene überwiegend bei 18 Jahren. In Hessen liegt das passive Wahlalter für den Landtag sogar bei 21. An Landtagswahlen darf man in Brandenburg (seit 2011), Bremen (2009), Hamburg und Schleswig-Holstein (beide 2013) schon ab 16 teilnehmen. Die Wahlbeteiligung der 16- bis 17-Jährigen liegt übrigens in der Regel um ca. sechs Prozentpunkte niedriger als bei der Gesamtbevölkerung:

Brandenburg 2011: 41,5 % (Gesamtbevölkerung: 47,9 %)

Bremen 2015: 45,8 % (Gesamtbevölkerung: 52,1 %)

Hamburg 2015: 52,1 % (Gesamtbevölkerung: 57,7 %)*

Bei Kommunalwahlen liegt das passive Wahlrecht fast überall bei 18 Jahren. Das aktive Wahlrecht hingegen wurde in zehn Bundesländern auf 16 Jahre gesenkt. Weiterhin erst ab 18 Jahren wählen darf man bei Landtagswahlen in Bayern, Hessen, Rheinland-Pfalz, Saarland, Sachsen und Thüringen.

*Für Schleswig-Holstein existieren leider keine Daten.

Europa, unser gemeinsames Haus

FETSUM SEBHAT:

Wenn wir auf die Wahlen und die Demokratie in Europa schauen, dann ist da aber schon noch einiges zu tun, oder? Für viele Menschen ist Europa ganz weit weg. Dabei hat es so viel Einfluss auf unser tägliches Leben. Da ist es schon ein Problem, wenn die Menschen finden, dass sie viel zu wenig mitreden können bei der Ausgestaltung Europas.

CLAUDIA ROTH:

Das stimmt absolut. Wir müssen gerade aufpassen, dass wir die Menschen nicht vollends verlieren für diese großartige Idee Europa, für diesen Lebensraum Europäische Union. In einer Welt, in der der Nationalismus leider wieder mehr Anhänger findet und es einen Trend gibt, sich auf die eigene Scholle zurückzuziehen, müssen wir umso deutlicher machen, welchen Mehrwert ein vereintes Europa für jeden von uns bringt. Der Wert offener Grenzen, die Möglichkeit, grenzüberschreitend zu arbeiten und zu leben, und die Tatsache, dass wir mit der Union Europa endlich befriedet haben, das ist vielen gar nicht mehr so bewusst – oder viel zu selbstverständlich geworden. Die Jüngeren sind ja mit diesen Errungenschaften aufgewachsen, für die ist das ganz normal, dank Erasmus oder Interrail. Und das ist auch ganz wunderbar so. Aber dass das alles eben auch in Gefahr ist und jederzeit wieder rückabgewickelt werden kann, das haben wir spätestens bei der Entscheidung zum Austritt Großbritanniens aus der EU (Brexit) gesehen. Auch da ging ein großer Teil der Jugend davon aus, sie müssten gar nicht zur Abstimmung gehen, weil Europa ja eh klar ist. Ist es aber nicht. Wir haben es bisher nicht geschafft, eine Erzählung von Europa zu etablieren, einen neuen Sound, der auch und gerade die jungen Menschen erreicht. Wenn von denen aber in Spanien, in Griechenland oder in Italien fast die Hälfte in Arbeitslosigkeit verharren muss, dann ist es natürlich schwer, herzugehen und zu sagen: Schaut mal, wie toll Europa ist und was Europa alles für euch tut! Deswegen war es auch ein großer Fehler der europäischen Regierungen, allen voran der deutschen, während der Finanzkrise einen Austeritätskurs zu fahren, der genau diese Länder weiter in die Rezession gezwungen und bei dem sich Deutschland in der Dominanzrolle präsentiert hat. Auch auf diesem Boden ist der Populismus gewachsen, der Europa nun zu entzweien droht wie lange nichts mehr. Unter diesem Sparkurs hat die europäische Solidarität gelitten; und die weitere europäische Integration ist ins Stocken geraten. Hier müssen wir ansetzen und für eine neue Erzählung sorgen, die alle einschließt, die alle mitnimmt und die von dem Gefühl getragen wird: Wir glauben an ein besseres Europa und nutzen die Herausforderungen, vor denen wir stehen, um unsere Zukunft gemeinsam und europäisch zu gestalten.

Und da haben wir natürlich vor allem in zwei Bereichen dringend Defizite zu beseitigen, wo die EU eben bis heute noch nicht gut genug funktioniert: Zum einen ist das die Rückkopplung der Entscheidungen an die Bürger, also das Demokratiedefizit in Europa. Es geht nicht, dass die Menschen den Eindruck haben, dass sie in der europäischen Demokratie gar nicht mehr der Souverän sind, sondern alles nur noch über ihre Köpfe hinweg entschieden wird. Wir sollten die Entscheidungen also wieder viel stärker an die Menschen heranrücken und zum Beispiel das EU-Parlament und die Regionen stärken statt die Nationalstaaten. Dass in Europa vor allem die nationalen Regierungen Entscheidungen treffen und nicht das von den Menschen direkt gewählte EU-Parlament, führt doch gerade in vielen Bereichen zu einer gegenseitigen Blockade und zu einer Renationalisierung innerhalb Europas. Außerdem muss Europa auch in Sachen Gerechtigkeit endlich liefern. Wir brauchen mehr europäische Investitionen in die Zukunft der Menschen und einen Ausbau eines sozialen Europas und eben nicht das Beharren auf nationalen wirtschaftlichen Interessen. Denn Europa, das sind wir doch alle gemeinsam!

FETSUM SEBHAT:

Bei allen persönlichen und kulturellen Herausforderungen war Europa für mich vor allem immer mit Freiheit verbunden, und mit Sicherheit. Wenn ich mir nun aber die Entwicklungen in den europäischen Ländern anschaue, macht mir das wirklich Sorgen. Le Pen in Frankreich, eventuell ein rechtspopulistischer Bundespräsident in Österreich, die rechtsnationalen Regierungen in Polen und Ungarn, der Brexit in Großbritannien usw. Braucht es so ein Europa denn überhaupt noch?

CLAUDIA ROTH:

Ja, mehr denn je! Wir können uns doch von nationalistischen Regierungen dieses großartige Projekt nicht kaputt machen lassen! Europa ist für mich genau die richtige Antwort auf die Globalisierung und auf die ganzen Krisen. Welche davon sollen wir denn alleine noch regeln können? Die Rettung des Klimas? Die Flüchtlingstragödie? Den Kampf gegen den Terror? Den Kampf gegen den weltweiten Hunger? Die Schaffung von Steuergerechtigkeit? Die Einhaltung der Menschenrechte? Nichts davon kann ein Nationalstaat alleine schaffen in dieser globalisierten Welt.

Und wer hätte es je für möglich gehalten, dass nach den schrecklichen Ereignissen der zwei Weltkriege dieser geschundene Kontinent einmal für mehr als 70 Jahre in Frieden zusammenleben würde? Manchmal habe ich den Eindruck, dass wir dieses historische Wunder heute viel zu wenig zu schätzen wissen. Als mein Vater, der immer ein großer Freund Frankreichs gewesen ist, aus dem Krieg zurückkam, war er ein traumatisierter Mann. Und genau deshalb war für ihn die Aussöhnung Deutschlands mit seinen Nachbarn und gerade mit Frankreich auch so unendlich wichtig.

Die Entwicklung nach 1945 war ja keinesfalls selbstverständlich. Das müssen wir uns heute immer wieder vergegenwärtigen. Noch nie lebten Menschen in Europa für einen längeren Zeitraum in Frieden und weitgehender Sicherheit zusammen als heute. Und dieser Frieden beginnt zu bröckeln. Aber die Krisen dieser Welt, sie lassen uns nicht in Ruhe auf unserer scheinbaren Insel des Wohlstands und der Glückseligkeit. Darauf müssen wir eine gemeinsame Antwort geben, die eben nicht lauten kann: zurück zum Nationalstaat. Auch wenn es bei einigen immer mehr in Mode zu kommen scheint, so zu tun, als könne man die Realität einfach aussperren und ignorieren. Der Wunsch nach einem reichen, ruhigen und bequemen Europa, das sich nur um sich selbst dreht, während um uns herum die Welt aus den Fugen gerät, ist eine Illusion. Mit dem Blick nur auf uns selbst geben wir doch genau dieses Europa auf, das als Lehre aus den Katastrophen des vergangenen Jahrhunderts entstanden ist: das Europa der Menschenrechte, des Friedens, der Freiheit und des Rechtsstaates. Und genau deswegen lohnt es sich, weiter dafür zu kämpfen.

Wenn ich auf die Katastrophen des 20. Jahrhunderts zurückblicke, dann ist für mich auch klar, dass Deutschland gar nicht mehr nichteuropäisch gedacht werden kann. Deswegen fand ich die Dominanzgesten der Bundesregierung gegenüber Griechenland auch so verheerend. Das Europa, so wie ich es mir vorstelle und von dem ich denke, dass es für eine solche neue Erzählung taugt, ist ein Europa der Humanität, der Solidarität, der Grundrechte, ja, und natürlich auch des Wohlstands und der Sicherheit. Letztere können wir aber nur erhalten und ausbauen, wenn wir festhalten an der Freiheit und an der Bereitschaft, auch über den Tellerrand hinauszublicken und im wahrsten Sinne des Wortes *europäisch* zu denken und zu handeln.

Und die positiven Nachrichten, sie sind doch da. Noch nie gab es eine so große Hilfsbereitschaft gegenüber Flüchtlingen, trotz Abschottungspolitik und des Hochziehens von Zäunen. Noch nie gab es eine so gut ausgebildete und tatendurstige junge Generation, trotz hoher Jugendarbeitslosigkeit. Und noch nie hat es eine so starke europäische Bürgerinitiative für mehr Demokratie und gegen die intransparenten Verhandlungen zu den Freihandelsabkommen TTIP und CETA gegeben. In Polen gibt es lautstarken, demokratischen und proeuropäischen Protest gegen eine Regierung, die wenig hält von Europa. Das sind doch alles positive Entwicklungen, die uns Hoffnung machen können. Das wäre zumindest meine Antwort auf die Frage, wie wir zukünftig in Europa zusammenleben wollen, nämlich europäisch, offen, liberal und vielfältig – und nicht zurückgezogen, abgeschottet und vermeintlich sicher vor Veränderung.

5
Wir sind nicht allein auf der Welt!

CLAUDIA ROTH:

Mit das Beklemmendste an der momentanen Aufwallung des Rechtspopulismus ist die Vorstellung, Deutschland könne sich einfach von der Welt verabschieden. Erst nach und nach ist vielen bewusst geworden, dass wir hier nicht auf einer Insel der Seligen leben. Die AfD versucht nicht umsonst ganz gezielt, diese Ängste vor den Zumutungen der Welt für sich zu nutzen. Obwohl all die Konflikte bereits viele Jahre dauern – der Bürgerkrieg in Syrien tobt seit 2011, die Situation in Afghanistan ist seit vielen Jahrzehnten unerträglich, das Elend in Afrika ebenfalls. Aber nachdem wir bis 2014 so getan haben, als gehe uns das alles nichts an, kommt jetzt erstmals etwas davon an in diesem reichen Europa und in diesem reichen Deutschland. Und dann lautet der Reflex der Leute von vorgestern, das Heil liege im Nationalstaat, im schönen kleinen Nationalstaat. Deutschland den Deutschen, Deutschland bleibt Deutschland, das sind Sprüche, die sind einfach völlig gaga.

Globale Fluchtbewegungen und ihre Ursachen

Aktuell sind so viele Menschen auf der Flucht wie seit dem Zweiten Weltkrieg nicht mehr. Im Jahr 2015 waren es nach Angaben des UNHCR *(Global Report 2015)* rund 65 Millionen. Die weitaus meisten sind Binnenvertriebene, also Menschen, die in ihren Heimatländern bleiben (40,8 Mio. bzw. 62,5 Prozent). 21,3 Mio. Menschen, also ein Drittel, waren über die Landesgrenzen hinweg auf der Flucht; weitere 3,2 Mio. werden als Asylsuchende geführt. Mehr als ein Drittel dieser »Auslandsflüchtlinge« kamen aus drei Ländern: Syrien (4,9 Mio.), Afghanistan (2,7 Mio.) und Somalia (1,1 Mio.). Die allermeisten Flüchtlinge suchen möglichst nah an ihrem Heimatland Zuflucht, weil sie hoffen, möglichst schnell wieder in ihre Heimat zurückkehren zu können. Lediglich 6 Prozent aller weltweit vertriebenen Menschen halten sich in Europa auf. Die Länder mit der höchsten Zuwanderung liegen direkt in den Krisenregionen: Türkei (2,5 Mio.), Pakistan (1,5 Mio.), Libanon (1,1 Mio.), Iran (979 400), Äthiopien (736 100), Jordanien (664 100) und Kenia (554 000).

Der Hauptgrund für Fluchtbewegungen sind inner- und zwischenstaatliche Kriege. Weitere Ursachen sind Diskriminierung und Verfolgung aufgrund politischer, ethnischer, religiöser und geschlechtsspezifischer Faktoren. Auch Groß- und Entwicklungsprojekte (beispielsweise der Bau von Staudämmen) können Migrationsbewegungen auslösen, ebenso die Folgen der Ausbeutung von Bodenschätzen. Eine immer bedeutender werdende Fluchtursache ist der Klimawandel und dessen Folgen für Mensch und Tier. Nicht zu vernachlässigen als Fluchtursache schließlich ist die wirtschaftliche und soziale Verelendung und Perspektivlosigkeit, die vor allem für die Länder Afrikas dadurch verstärkt wird, dass die Weltwirtschaftsordnung, Freihandelsverträge sowie die Agrar- und Fischereipolitik der Industrieländer wenig Raum für eine signifikante und nachhaltige Wirtschaftsentwicklung lassen.

Die große Flucht

FETSUM SEBHAT:

Ich möchte gerne mal im deutschen Fernsehen zur Hauptsendezeit dargestellt bekommen, was die Ursachen der momentanen Fluchtbewegung sind, was Flucht eigentlich bedeutet, wann die aktuelle Fluchtbewegung begonnen hat und wann Deutschland angefangen hat, großflächig zu reagieren. Ich glaube, das würde noch mal vieles in ein anderes Licht rücken. Ich war vorletztes Jahr innerhalb einer Woche bei der BBC in London und beim ZDF in Mainz zu Besuch und habe mich informiert. Und da gab es einen dermaßen eklatanten Unterschied in der Art und Weise, in der internationale Themen diskutiert wurden! Bei der BBC hatte ich von Anfang an das Gefühl, ich laufe in ein Haus rein, in dem sind 180 Nationen vertreten. Da war ein internationaler Blick – da saßen Redakteure aus dem Senegal, aus Kenia, von den

Philippinen. Ich war eingeladen von »Focus on Africa«, einer Sendung, die seit drei Jahren täglich um 17:30 Uhr läuft.

CLAUDIA ROTH:

Die habe ich schon mal gesehen, die ist richtig toll.

FETSUM SEBHAT:

Eingeladen hatte mich ein Freund, der dort Redakteur ist, Efrem Gebreab; er ist auch eritreischstämmig. Die Produzenten waren ein Franzose und ein Ghanaer; der war zugleich der Anchorman, Komla Dumor hieß er. Er ist leider letztes Jahr im Februar an einem Herzinfarkt gestorben. Mit 41 Jahren, wie mein italienischer Vater. Ein unglaublicher Typ. Kam aus einer wohlhabenden ghanaischen Familie, hat in Harvard studiert und hat gesagt, weißt du was, wenn ich Geld verdienen wollte, dann wäre ich in der Wirtschaft, aber ich habe ein Anliegen: Wir erreichen mit »Focus on Africa« so viele Menschen, dass wir in die Hauptsendezeit wollen. Die BBC hat das dann nicht einfach so aus Gutmenschentum zugelassen. Die Produzenten haben ihre Hausaufgaben gemacht, die haben den Antrag gestellt, der wurde abgelehnt, und nach einem Jahr Datensammlung haben sie noch mal einen Termin bekommen beim Intendanten und haben gesagt, schaut euch die Statistik an, Kontinent Nummer eins ist Afrika. Warum habt ihr keine Sendung für Afrika? Und seit da gibt es »Focus on Africa« jeden Tag zur Primetime, eine halbe Stunde. Und ich laufe da rein und habe das Gefühl, ich rede mit Leuten über die Welt.

Beim ZDF dagegen ist die Perspektive eindeutig national. Was passiert hier in Deutschland, warum passiert's hier und wie passiert's hier? Man will ihnen sagen: Hey, um euch herum gibt's noch zweihundert andere Länder! Und da gibt es vielleicht einen Zusammenhang zur politischen Situation: Diese Neigung, mit nationalen Lösungen auf globale Phänomene zu reagieren, funktioniert einfach nicht.

CLAUDIA ROTH:

Da sprichst du einen ganz wichtigen Punkt an, wie ich finde. Hier versteht man ja seit Monaten unter »Bekämpfung der Fluchtursachen« nur noch: Wie mache ich die Grenzen dicht und wie mache ich die Festung Europa dicht? Anstatt sich auch mal zu fragen, was die Politik Europas eigentlich ganz konkret für Folgen hat in den Ländern Afrikas beispielsweise, wo unsere Schiffe das Meer vor Kenia oder dem Senegal leerfischen und den Fischern vor Ort damit ihre Lebensgrundlage entziehen. Und wir sollten uns fragen: In welchem Europa leben wir, und in welchem Europa wollen wir leben? Wollen wir wirklich in einem Europa leben, in dem es zur Normalität verkommt, dass Menschen auf der Flucht im Mittelmeer ertrinken und wo man es als Erfolg verkauft, wenn die Zahl der Flüchtlinge, die es zu uns schaffen, wieder nach unten geht – obwohl doch jeder weiß und sieht, dass die Zahl der Geflüchteten weltweit massiv zunimmt? Und wenn man sich die Zahl der Kinder anguckt, die als Flüchtlinge leben müssen, die kein sicheres Zuhause kennen, dann ist das dramatisch. Weltweit sind laut UNICEF 28 Millionen Kinder auf der Flucht vor Gewalt und Krieg. Da wächst eine verlorene Generation heran, wenn wir uns nicht um diese Kinder küm-

Warum die Menschen fliehen

Syrien

Der Konflikt in Syrien begann 2011 mit einer friedlichen Protestbewegung, hat sich danach jedoch zu einem blutigen Bürger- und Stellvertreterkrieg mit bisher (Stand: September 2016) zwischen 250000 und 500000 Toten entwickelt. Der Krieg begann als Vernichtungsfeldzug des Assad-Regimes gegen die oppositionellen Teile der sunnitischen Bevölkerungsmehrheit und weitete sich dann zu einem Regionalkonflikt mit Beteiligung zahlreicher Akteure aus – vom »Islamischen Staat« über die Kurden bis zur Türkei, Saudi-Arabien und den Stützen des Diktators: Russland, der libanesischen Hisbollah und dem Iran. Der Konflikt ist geprägt durch schwerwiegende Völkerrechtsverletzungen und Kriegsverbrechen, durch Gewalt gegen die Zivilbevölkerung sowie durch die Verweigerung von humanitärer Hilfe und Versorgung. Im September 2016 befanden sich laut UNHCR ca. 7,6 Millionen Menschen innerhalb Syriens auf der Flucht, darunter ca. 5,6 Millionen Kinder. Knapp 4 Millionen Menschen verließen Syrien ganz. Die humanitäre Lage ist katastrophal. So benötigen über 12 Millionen Menschen – etwa die Hälfte der Bevölkerung – Hilfe zum Überleben. 212 000 leben – teilweise seit Jahren – im Zustand der Belagerung und ohne Zugang zu humanitärer Unterstützung. Fast anderthalb Millionen Häuser sind beschädigt oder zerstört.

Von den aus Syrien Vertriebenen sind ca. 2,5 Millionen in die nördlich gelegene Türkei geflohen, mehr als eine

Million in den angrenzenden Libanon. In Jordanien leben knapp 640 000 Syrien-Geflüchtete. Die Zahl der seit Ausbruch des Krieges nach Deutschland geflohenen Syrer gibt der »Mediendienst Integration« mit 600 000 an.

mern. Das ist unsere Verantwortung. Mit deinen Ideen und deiner Initiative, Fetsum, zeigst du zum Beispiel, was Empathie und Solidarität und Verantwortung bedeuten. Die Flüchtlinge sind ja nicht weg, nur weil wir sie nicht mehr in unser Blickfeld lassen.

Übrigens glaube ich, dass viele europäische Staaten gegenüber Deutschland die Solidarität in der Flüchtlingsfrage auch deshalb verweigern, weil Deutschland sich zum einen lange auf dem »Dublin-Verfahren« ausgeruht hat, das Flüchtlingen keinen legalen Weg nach Deutschland ermöglichte und stattdessen die Länder an den europäischen Grenzen wie Italien, Griechenland oder auch Ungarn mit dem Thema alleine gelassen hat – und weil wir zum anderen den Südeuropäern einen Austeritätskurs diktiert haben, als es um die Euro-Krise ging. Da haben wir die Solidarität gegenüber Griechenland, Spanien, Portugal und Italien vermissen lassen. Und die sagen sich jetzt: Nun guckt ihr mal, wie ihr mit dem Thema fertig werdet.

Vor allem aber müssen wir anfangen, wirklich intensiv und ehrlich darüber nachzudenken, welche Folgen unser Handeln, unsere Form des Wirtschaftens, unsere Handelspolitik, unsere Form des Konsumierens und des Produzierens auf die Länder des globalen Südens haben. Wir tragen ja durch unsere Lebensweise dazu bei, dass Menschen gezwungen sind, ihre Heimat zu

Warum die Menschen fliehen:

Afghanistan

Afghanistan ist eines der ärmsten Länder der Welt – und wegen seiner geostrategischen Lage seit Jahrhunderten zugleich Spielball ausländischer Akteure. Der Einmarsch der UdSSR 1979 und der Widerstand einheimischer Stämme und Warlords dagegen führte zur Diktatur der Taliban und zur Verschlechterung der humanitären Situation. Nach den Terroranschlägen vom 11. September 2001 wurde Afghanistan Schauplatz des »Krieges gegen den Terror«, nachdem die herrschende Islamisten-Gruppe der Taliban der Terrorgruppe al-Quaida Ausbildungsmöglichkeiten und Unterschlupf gewährt hatte. NATO-Staaten und mehrere Partnerländer behielten große Teile des Landes unter Kontrolle, konnten aber keine dauerhafte Befriedung erreichen. Es gibt keine funktionierenden staatlichen Strukturen und keinen Schutz der Bevölkerung vor der Willkür von Milizen und Warlords. 2015 kamen laut Statistischem Bundesamt fast 95 000 Menschen aus Afghanistan nach Deutschland.

Irak

Der Irak hat seit knapp 35 Jahren keine dauerhafte Phase des Friedens mehr erlebt. Stattdessen war das Land in drei Kriege involviert bzw. hat diese selbst begonnen (Iran-Irak 1980, Krieg um Kuwait 1991 und US-amerikanische Invasion 2003). Außerdem erschwerten harte UN-Wirtschaftssanktionen die wirtschaftliche und humanitäre Lage im Land: 1,5 Millionen Iraker (darunter 500 000 Kinder) fielen Mangelernährung und unzureichender medizinischer Versorgung zum Opfer. Derzeit benötigen 8 Millionen Menschen humanitäre Hilfe. Besonders schwer ist die Lage für die Menschen in den von bewaffneten Gruppen wie dem »Islamischen Staat« kontrollierten Gebieten. Drei Millionen Menschen sind innerhalb des Landes auf der Flucht, und knapp 250 000 Flüchtlinge aus Syrien befinden sich im Land. 2015 reisten laut Statistischem Bundesamt 73 122 Menschen aus dem Irak nach Deutschland ein.

verlassen. Zum Beispiel durch Rüstungsexporte nach Saudi-Arabien und Katar, die die deutschen Waffen für einen Krieg im Jemen brauchen, in dem schon über 10 000 Zivilisten getötet wurden. Oder mit dem Export der Überproduktion unserer Massentierhaltung: Die Agro-Industrie schickt massenhaft Hühnchenfleisch zu Dumpingpreisen auf afrikanische Märkte und macht damit, zum Beispiel in Ghana, die lokalen und regionalen Familienbetriebe platt.

Die EU verhandelt privilegierte Handelsverträge mit Kanada und den USA, die einen großen Bogen um afrikanische Länder machen, so dass die nur weiter abgehängt werden. Und solange wir nicht einmal das bescheidene Ziel erreichen, 0,7 Prozent unseres Bruttosozialprodukts für Entwicklungszusammenarbeit aufzubringen, während wir 2 Prozent für Militärausgaben spielend schaffen, wird sich an den Fluchtursachen nichts ändern.

Aber die künftige Haupt-Fluchtursache wird die Klimakrise sein. Sie trifft die Länder am härtesten, die am wenigsten zu ihr beigetragen haben. Denn wer zu arm ist, um in großen Mengen CO_2 auszustoßen, ist auch zu arm, um auf die Folgen des Klimawandels zu reagieren.

Der Klimaforscher Hans Joachim Schellnhuber spricht von 400 bis 500 Millionen Menschen, die sich in Zukunft auf die Flucht vor den Folgen des Klimawandels machen könnten. Da müssten doch bei allen sofort die Alarmleuchten angehen und es müsste eine konsequente Klimaschutzpolitik umgesetzt werden. Erneuerbare Energien statt Kohle, ökologischer Verkehr statt Dreckschleudern auf der Straße, regionale und bäuerliche Lebensmittelproduktion statt Massentierhaltung, ökologisches Produzieren und Konsumieren, das sind doch jetzt die Aufgaben der Zeit. Man kann doch nicht darauf setzen, dass Entwicklungsgelder zu großen Teilen nur noch dafür eingesetzt werden, dass die Länder ihre Außengrenzen militärisch absichern.

FETSUM SEBHAT:

Mir fehlt in der ganzen Flüchtlingsdebatte nicht nur der Blick auf die tatsächlichen Ursachen – Stichwort Kolonialismus, Stichwort Kongo-Konferenz –, sondern oft auch die Empathie. Wer macht sich wirklich klar, was es bedeutet, seine Heimat zu verlassen? Die vertraute Umgebung, die vertraute Sprache, die vertraute Kultur, die vertrauten Menschen aufzugeben, um sich in der Fremde niederzulassen, die manchmal auch Angst macht – so etwas tut doch niemand freiwillig! So eine Entscheidung für sich selbst und seine Kinder trifft doch nur, wer unmittelbar bedroht, verfolgt oder jeder Überlebensperspektive beraubt ist. Und auch von denen kommt nur ein Bruchteil in Europa an. Ich wundere mich immer, dass ausgerechnet die, die so gerne die Heimat beschwören, keinen Funken Mitgefühl haben für Menschen, die genau diese Heimat aufgeben mussten. Die alles aufgeben mussten.

Und ich muss oft daran denken, was der Friedensnobelpreisträger Muhammad Yunus 2006 gesagt hat: »Wir können eine Welt frei von Armut erschaffen, denn Armut wird nicht von den Armen verursacht. Wenn wir wollen, können wir Armut in die Museen verbannen.« Er hat damals sogar Angela Merkel gelobt, weil er dachte, sie setze sich tatsächlich für einen nachhaltigen Kampf gegen die Armut ein – deren Ursache er in einem pervertierten Kapitalismus-Begriff sieht. Aus heutiger Sicht würde man sagen, dass er damals über Fluchtursachen gesprochen hat. Leider vergeblich.

6
Gegen den Rechtsruck: Ermutigen statt Entmutigen

CLAUDIA ROTH:

Wir haben ja schon viel über Entwicklungen gesprochen, die für unsere Demokratie bedrohlich sind: einen zunehmenden und militanten Rechtsextremismus, eine Radikalisierung an den Rändern, aber auch in der Mitte der Gesellschaft, und einen populistischen Rechtsruck mit wachsender Feindseligkeit gegenüber Fremden, Frauen und Minderheiten generell.

Auch lässt sich eine stetig wachsende Form der Islamfeindlichkeit beobachten und das Phänomen, dass Minderheiten gegen Minderheiten ausgespielt werden. So versucht die AfD zum Beispiel, ganz gezielt schwule Männer anzusprechen mit islamophoben Kampagnen, um Muslime als prinzipielle Gefahr für Homosexuelle darzustellen – und verschweigt dann kurzerhand die eigene Homophobie.

Fetsum, wie siehst du das: Was ist los in Deutschland? Und was kann man deiner Meinung nach dagegensetzen?

Europäischer Rechtspopulismus

FETSUM SEBHAT:

Die AfD ist ja nicht die einzige Partei, die gerade extrem mit Ängsten spielt; das steht ja in einem europäischen Kontext. Sie hat viel Rückenwind aus Frankreich, sehr viel Rückenwind aus Großbritannien, Rückenwind aus Ungarn, Holland, Österreich. Man könnte fast alle Länder nennen. Eigentlich kurios, dass die Nationalisten so gut zusammenhalten mit den Nationalisten der anderen Länder. Ich erinnere mich, wie nach der Einführung des Euros sogar Dänemark plötzlich nach rechts rutschte – das Paradebeispiel eines liberalen, demokratischen Landes. Aber das, was wir jetzt gerade erleben, gab's unter vorgehaltener Hand immer.

CLAUDIA ROTH:

Das ist wahrscheinlich sogar das große Problem, dass man das immer ignoriert hat. Wir haben und hatten immer schon ein gewisses Maß an Fremdenfeindlichkeit und Antisemitismus, schon in Westdeutschland, und richtig geschürt dann nach der Wiedervereinigung. Und jetzt hat das ein neues Gesicht, jetzt hat, ich zitiere die *Süddeutsche Zeitung*, die AfD diese Haltungen »entpfuit«, indem sie die Parolen, die die NPD noch braun plakatierte, nun hellblau einkleistert.

FETSUM SEBHAT:

Aber in einer gewissen Weise ist das auch gut, weil wir mal endlich offen drüber reden. Ich fand zum Beispiel, dass »Deutschland schafft sich ab«, das Buch von Thilo Sarrazin, etwas ans Tageslicht befördert hat, was ohnehin da war. Ich fand das Buch fürchterlich – aber es hat auf eine gewisse Art und Weise einen Diskurs ins Rollen gebracht. Offenbar haben viele Menschen ein Bedürfnis nach dieser Art von einfacher Erklärung. Und jetzt weiß ich besser als vorher, mit wem ich hier in Deutschland zusammenlebe. Und das möchte ich wissen – und zwar nicht nur in guten Zeiten, sondern auch in angespannten Zeiten. Vielleicht bin ich da auch wahrheitsliebender als manch anderer. Für mich heißt das Motto: Auch wenn es mir nicht gefällt – es ist gut zu wissen, wer du bist. Denn ich kriege es sowieso zu spüren. Ich bemerke ja die Vorbehalte wegen meiner Hautfarbe ohnehin ständig. Und wenn ich weiß, wer du bist, dann weiß ich, wie ich reagiere, und dann weiß ich auch, woran ich bin. Und wer ich bin, weiß ich sowieso.

CLAUDIA ROTH:

Ich glaube, es war ein riesengroßer Fehler, den vorhandenen Antisemitismus, die Homophobie, das rassistische und rechtsextreme Denken zu verleugnen und zu sagen, das seien nur Einzelfälle und solange solche Parteien nicht in den Landtag einziehen oder in den Bundestag, haben wir kein Problem. Oder das zu relativieren, indem man sagt, in anderen Ländern ist es doch noch viel schlimmer. Seit vielen Jahren gibt es die Untersuchungen von Wilhelm Heitmeyer und anderer Forscher über gruppenbezogene Menschenfeindlichkeit und die Radikalisierung der Mitte.

Wir hätten schon viel früher damit beginnen können, uns offensiv damit auseinanderzusetzen und zu überlegen, ja, wie werbe ich denn jetzt für den demokratischen Entwurf einer offenen Gesellschaft? Wie mache ich unsere Idee der Demo-

Autoritäre und rechtsextreme Einstellungen in der deutschen Bevölkerung

Mit der Frage, wie weit Rassismus, Rechtsextremismus und Sozialdarwinismus in der deutschen Bevölkerung verbreitet sind, befasste sich vor allem der Bielefelder Erziehungswissenschaftler Wilhelm Heitmeyer. Er entwickelte das Konzept der »Gruppenbezogenen Menschenfeindlichkeit« und untersuchte zwischen 2002 und 2012 in der Studie **»Deutsche Zustände«** die Verbreitung feindseliger Einstellungen gegenüber Flüchtlingen, Muslimen sowie Sinti und Roma in der deutschen Bevölkerung,

Seit 2002 widmet sich die Leipziger Studie »Die enthemmte Mitte. Autoritäre und rechtsextreme Einstellungen in Deutschland« (kurz: **»Mitte-Studie«**) ebenfalls dieser Problematik und untersucht zusätzlich das Phänomen des Autoritarismus.

Hier einige Ergebnisse der »Mitte-Studie« von 2016:

Rechtsautoritäre Diktatur

»Im nationalen Interesse ist unter bestimmten Umständen eine Diktatur die bessere Staatsform.« Zustimmung* von 6,7% (Ost: 13,8%/West: 4,8%)

»Wir sollten einen Führer haben, der Deutschland zum Wohle aller mit starker Hand regiert.« Zustimmung von 10,6% (Ost: 12,8%/West: 10%)

»Was Deutschland jetzt braucht, ist eine einzige starke Partei, die die Volksgemeinschaft insgesamt verkörpert.« Zustimmung von 21,9% (Ost: 25,5%/West: 21%)

Ausländerfeindlichkeit

»Die Ausländer kommen nur hierher, um unseren Sozial-staat auszunutzen.« Zustimmung von 32,1 % (Ost: 38,5 % / West: 30,4%)

»Wenn Arbeitsplätze knapp werden, sollte man die Aus-länder wieder in ihre Heimat zurückschicken.« Zustim-mung von 26,1 % (Ost: 29 % / West: 25,3 %)

»Die Bundesrepublik ist durch die vielen Ausländer in einem gefährlichen Maß überfremdet.« Zustimmung von 33,8 % (Ost: 35,2 % / West: 33,5 %)

* »Stimme überwiegend zu« und »Stimme voll und ganz zu«

kratie, der Teilhabe, der gleichen Rechte und der Vielfalt so attraktiv, dass sie auch die erreicht, die sich von dieser spalte-rischen und gefährlichen Ideologie angezogen fühlen könn-ten?

Sarrazin fand ich verheerend, weil er dem plumpen Rassis-mus ein bürgerliches Antlitz gegeben hat, sogar ein sozialdemo-kratisches. Und ich fand das ekelhaft, schon allein, weil das auch einfach eine große Geldmacherei ist. Er hat das ja auch ein Stück weit zu seinem Geschäftsmodell gemacht und ist mit der Publizierung des Ressentiments reich geworden. Was er damit gesellschaftlich anrichtet, scheint ihn nicht groß zu interessie-ren.

Das hat im Übrigen auch mit Sozialdemokratie nichts zu tun. Sarrazin ist ja immer noch Mitglied der SPD, nach dem geschei-terten Versuch, ihn aus der Partei auszuschließen.

Ich bin aus guten Gründen keine Sozialdemokratin, aber ich habe einen hohen Respekt vor der ältesten Partei Deutschlands. Was hat die in 150 Jahren erreicht, und was hat sie auch erduldet, und wie viele Sozialdemokraten haben ihre Überzeugungen auch mit ihrem Leben bezahlt. Wenn ich mir im Deutschen Bundestag die dort präsentierten Bücher anschaue über die Abgeordneten, die von den Nazis umgebracht wurden in den Konzentrationslagern, dann waren das eben sehr viele Sozialdemokraten. Deshalb finde ich es so wichtig, dass die SPD klarstellt, was es bedeutet, heute Sozialdemokrat zu sein. Und wie kann es passieren, dass Menschen von dieser sozialdemokratischen Partei zur AfD wechseln? Was ist da versäumt worden? Was haben wir alle zusammen übersehen? Und wie kann man da eine Gegenstrategie entwickeln?

Der Erfolg der Rechtspopulisten in Deutschland

FETSUM SEBHAT:

Ich bin nicht überrascht von den hohen AfD-Ergebnissen insbesondere im Osten. Ich fühle mich bis heute unwohl, wenn ich durch eine ostdeutsche Stadt gehe. Natürlich habe ich tolle Leute kennengelernt in Dresden, in Leipzig, durch die Musik. Und ich habe gelesen, dass es in Dresden zehntausend registrierte Flüchtlingshelfer gibt, das ist auch eine Zahl. Aber dass es in Mecklenburg-Vorpommern 21 Prozent AfD-Wähler und in Sachsen-Anhalt 25 Prozent gibt, das hätte ich auch so geschätzt. Also mindestens. Ich merke das an der Stimmung dort. An vielen Orten ist man, wenn man aussieht wie ich, nicht wirklich willkommen.

Ich gehe in einen Ort und ich sehe und spüre, ob ich willkommen bin oder nicht. Natürlich bin ich auch geprägt durch Erwartungen und Informationen und meinetwegen auch Vorurteile. Aber ich merke es ganz unmittelbar, wie anders die Atmosphäre ist, wenn ich in Schwerin am Bahnhof ankomme – ganz anders, als wenn ich in Köln am Bahnhof ankomme.

Ich weiß nicht, was passiert, wenn die Leute bemerken, dass die AfD ihnen nicht weiterhilft. Ich hoffe, dass dann viele zur Räson kommen und sagen, was haben wir hier eigentlich für einen Scheiß gemacht, das sind doch nicht die, die uns repräsentieren. Blöd, dass wir die aus einer Wut auf die Regierenden heraus gewählt und denen so eine Plattform gegeben haben. Aber ich glaube, wenn man das unterdrücken wollte, durch Verbote oder Tabuisierung zum Beispiel, dann würde man es noch mehr fördern. Es wäre Wasser auf die Mühlen dieses Gefühls: Jetzt wollen sie uns auch das noch verbieten. Damit spielt die AfD ja ohnehin schon, mit diesem »Man will uns den Mund verbieten« und »Das wird man ja noch sagen dürfen«.

Trotzdem beunruhigt mich das natürlich, ich will das gar nicht runterspielen. Hass und Wut organisieren sich sehr schnell und sind sehr laut. Eine differenzierte Gegenhaltung hat es da immer schwer.

Ich versuche immer zu verstehen, wer sind denn diese Leute und warum wählen die so? Wovor haben die Angst? Ich meine, die AfD war letztes Jahr klinisch tot. Und über das Flüchtlingsthema sind die zurückgekommen, und zwar mit einem Superboost. Die hatten das doch gar nicht auf dem Schirm. Keiner hatte es auf dem Schirm, weil wir alle weggeschaut haben, als die Leute im Mittelmeer ertranken und gar nicht nach Deutschland durchkamen. Denn Flüchtlinge gibt's nicht erst seit letztem Jahr.

Natürlich ist das eine Herausforderung, dass Deutschland in einem Jahr knapp 900 000 Menschen aufgenommen hat. Aber ich sage auch: Wer, wenn nicht wir? Wo gibt's denn ein noch reicheres Land eigentlich, das die Mittel und die Möglichkeiten hat, um so eine Situation auch für eine Weile auszuhalten, ohne dass die Wirtschaft zusammenbricht, ohne dass ein Bürgerkrieg ausbricht? Und dieser Wohlstand gibt uns auch eine Verantwortung. Aber wir haben in Deutschland immer sehr schnell Angst. Hey, seit 1950 geht die Wirtschaftskurve steil bergauf, und sie ist noch nie wirklich eingebrochen. Wovor haben wir also Angst? Deutschland hat den höchsten Außenhandelsüberschuss aller Zeiten und wird 2016 China wieder ablösen als Exportnation Nummer eins. Natürlich ist dieser Reichtum ungerecht verteilt in Deutschland, und das muss sich ändern – aber die allermeisten Länder der Welt würden sich doch die Finger danach lecken, so zu leben wie wir. Und wenn man sich anschaut, wie viele Flüchtlinge sehr viel ärmere Länder aufnehmen, wie der Libanon, wie Jordanien, wie Kenia, wie die Türkei – dann fragt man sich doch wirklich: Was ist eigentlich unser Problem?

Die Flüchtlinge alleine sind's meiner Meinung nach jedenfalls nicht. Es gibt ein Unsicherheitsgefühl, was mit der Einführung des Euros kam, was mit dem sehr abstrakten Prozess der Globalisierung zu tun hat. Man hat das Gefühl, man erreicht seine eigene Regierung nicht mehr. Das sind so unterschwellige Empfindungen, so Schwingungen. Ein guter Komponist könnte daraus eine schöne Sinfonie machen, bei der man sagt, das klingt aber gut. Und genau das machen die Rechtspopulisten im Moment. Die kombinieren gerade gut, weil denen die Sachen einfach so zufallen. Und jede andere Partei muss sich gerade fragen, warum verlieren wir gerade so viel, und warum mobilisieren die so viele notorische Nichtwähler. Das ist die Frage, die man sich stellen muss. In meinen Augen ist das eine optimale Chance, um sein Profil zu schärfen und wirklich zu sagen, wofür man steht – anstatt Angst davor zu haben, dass die Rechten immer mehr erstarken.

Entgrenzung

CLAUDIA ROTH:

Und deshalb ist es nötig, sich intensiv mit deren politischen Ideen auseinanderzusetzen. Die haben ja eine klare Vorstellung: Sie wollen eine repressive, hierarchische, homogene Gesellschaft. Das hat so gar nichts mit unserer Realität zu tun, und vermutlich war die Gesellschaft nicht mal in den 50er Jahren so. Inklusive einer Entsorgung von Geschichte und historischer Verantwortung – und einer wirklich bedenklichen Entgrenzung. Da wird mal hier mit dem Begriff »völkisch« herumgespielt. Und dort lässt man mal die Frage im Raum stehen, ob im Zweifel nicht an der EU-Außengrenze auch auf Kinder und Frauen geschossen werden sollte.

Wenn du dir anguckst, wie Pegida die Stimmung in Dresden wirklich massiv verändert hat – diese Form der Radikalisierung und Verrohung gab es früher nicht. Eine Bekannte von mir, eine junge Iranerin, die in Dresden studiert, sagte mir: Im Studentenwohnheim, wo die ausländischen Studierenden wohnen, geht man montags nicht mehr raus, weil man sich bedroht fühlt. Und sie sagt, dass es in der Stadt keinen normalen Umgang mehr gibt mit ihr. Entweder erlebt sie offene Feindseligkeit und die Botschaft »Du böse Ausländerin gehörst nicht hierher« (wobei sie keinen Schleier und kein Kopftuch trägt; den Rassisten genügt ihr Aussehen), oder sie erfährt eine Art Überkompensierung: dass Omis auf sie zukommen, wenn sie in der Straßenbahn oder im Bus sitzt, und ihr Schokolade anbieten. Dieser etwas hilflose Versuch, den schändlichen Äußerungen der anderen etwas entgegenzusetzen, ist gut gemeint – aber er thematisiert ja auch wieder das Fremdsein. Anstatt sich die Rassisten selbst vorzuknöpfen.

Und diese Entgrenzung durch Pegida oder durch Björn Höcke, den AfD-Fraktionschef in Thüringen, der da ganz gezielt Wörter wie »entartete Politik« benutzt, schlägt ja bewusst die Brücke nach ganz weit rechts außen. Und wir haben einen Exzess an Hass, an Beschimpfung, an Entzivilisierung, wie ich's in über 40 Jahren nicht erlebt habe – und ich habe wirklich viel erlebt.

Deutlich wurde das ja auch bei den Feierlichkeiten zum Tag der Deutschen Einheit in Dresden am 3. Oktober 2016, als die Leute von Pegida die anwesenden Politiker, aber auch die anderen Gäste, die extra nach Dresden gekommen waren, persönlich derart verachtend und obszön beleidigten, dass ein kritischer Dialog gar nicht mehr möglich war. Es gibt inzwischen eine große Menge enthemmter Attacken aus der vermeintlichen Mitte der Gesellschaft, auch kranke sexistische Gewaltphantasien und jede Menge Morddrohungen. Kürzlich habe ich vor einer Fernsehsendung eine Mail bekommen, wo sinngemäß drinstand: »Nehmen sie Ihre Zunge in acht, wir beobachten alles, und Sie werden es zu spüren bekommen, wenn Sie das und das sagen.« Und unten drunter stand, was ich so alles bin, also die »muslimophile Niggerhure« und so weiter. Das »Sie« war großgeschrieben, und den Begriff »muslimophil« muss man ja auch erst mal korrekt zusammenbasteln. Das war also ein gebildeter Mensch.

Was ist los in unserem Land, wenn die Bundeskanzlerin aus nächster Nähe übel beschimpft wird und man fordert, sie aufzuhängen? Wenn unser Bundespräsident die Eröffnung des Deutschen Wandertages abbricht, weil er beschimpft und bedroht wird? Da hat sich etwas verändert, das ist eine Enttabuisierung, die ich für sehr gefährlich halte.

Wie geht man aber damit um? Vor allem schenke ich denen nicht meine Angst. Das sage ich immer und überall. Aber trotzdem wird's enger. Sie suchen sich gezielt Leute raus und bedrohen sie und deren Familien. Das wird wirklich immer heftiger.

Aber wir müssen dagegenhalten. Natürlich nicht mit Gewalt, sondern mit Argumenten.

Stellung beziehen!

FETSUM SEBHAT:

Genau, Claudia: Es geht darum, sein Profil zu schärfen, es geht darum, zu erklären, wie unsere Auffassung von Demokratie ist. So sehr es uns juckt: Wir werden gegen die Rechtspopulisten nicht gewinnen, wenn wir sie nur diffamieren, wenn wir sagen, das sind alles Rassisten etc. pp. Wir müssen erklären, was der grundsätzliche Unterschied zwischen ihnen und uns ist, welches die Errungenschaften der letzten Jahrzehnte sind und weshalb unser Gesellschaftsentwurf lebenswerter und zukunftsträchtiger ist. Das muss man ja herausarbeiten. Nur das kann andere überzeugen, die sich gerade zwischen den Stühlen fühlen oder die sie gerade gewählt haben. Das ist eine Herausforderung für alle, und man muss sie auch annehmen, denn sie werden nicht von alleine wieder verschwinden.

Wir müssen mit denen streiten. Ich bin ein extrem harmoniesüchtiger Mensch, aber ich finde, dass zu gewissen Zeiten einfach die Konfrontation stattfinden muss. Also das heißt, wir müssen alle über Sachen sprechen, die uns extrem unangenehm sind. Und ich muss auch meine muslimischen Mitbürger und Freunde und Freundinnen ansprechen und sagen, hey Leute, es kann nicht sein, dass die einen euch verteidigen und die anderen euch verteufeln – ihr müsst genauso Teil der Debatte sein, und zwar jeder von euch. Wir müssen jetzt einfach ganz klar Farbe bekennen.

Manchmal denke ich, das ist wie bei einem Paar, das sich nie streitet und sich dann nach 25 Jahren plötzlich trennt. Vielleicht hätte ein Streit hier und da mal gutgetan, um gewisse Dinge ans Tageslicht zu bringen, die da schwelten. Dass man nicht streitet, heißt ja nicht, dass es keine Probleme gibt.

CLAUDIA ROTH:

Okay, dann lass uns mal die Streitpunkte benennen zwischen uns und den Rechtspopulisten.

Soll ich jetzt in Augsburg 40 Prozent der Bevölkerung rausschmeißen, weil sie eine Migrationsgeschichte haben, oder wollen wir eine multikulturelle Gesellschaft sein und bleiben?

Dann: Europa? Das war ja der Ausgangspunkt für die AfD-Gründung, der Euro und die Griechenland-Krise. Deren These ist, Deutschlands geht's besser ohne Europa. Da müssen wir natürlich darauf hinweisen, dass das nicht stimmt. Kein einziges Land profitiert auch wirtschaftlich so sehr von einem vereinten Europa wie wir – mal ganz davon abgesehen, dass in Europa ein friedliches Zusammenleben in Sicherheit und Wohlstand vor der Gründung des europäischen Projekts mal so gar nicht angesagt war, und zwar über Jahrhunderte hinweg. Die Völker Europas haben sich noch vor zwei, drei Generationen gewohnheitsmäßig die Köpfe eingeschlagen. Noch vor einem Dreivierteljahrhundert konnte man von anderen Teilen der Welt mit einem ähnlich deprimierten Blick auf Europa schauen, wie wir heute auf den Nahen Osten blicken: als Region der Kriege, der Gewalt, der Konflikte und des Chaos. Und wir brauchen dieses Europa, weil wir sonst keines der Probleme in der globalisierten Welt lösen können, wie etwa die Klimakrise, Fluchttragödien oder die Frage nach Sicherheit und Wohlstand.

Dann die Geschlechterfrage. Die Rechtspopulisten wollen zurück zu einem traditionellen Geschlechterbild. Und wir sagen, wir wollen Augenhöhe, wir wollen gleiche Teilhabe, wir wollen für die Frauen nicht nur die Hälfte der Macht im Himmel, sondern im Hier und Jetzt auf Erden. Und genauso ist die Gleichstellung von queeren Menschen für uns kein »Genderwahn«, sondern eine Selbstverständlichkeit.

Oder die Sozialpolitik: Die AfD will tendenziell an den Mindestlohn ran, sie vertritt eine scharf antisoziale, neoliberale Politik, die die Ungleichheit der Reichtums- und Vermögensverhältnisse weiter verschärfen würde. Sie will also die Reichen reicher machen.

Im Programm der AfD steht, Klimawandel sei etwas Normales und die Klimaschutzpolitik beruhe auf »untauglichen Computermodellen«. Und CO_2 sei kein Schadstoff, sondern unverzichtbarer Bestandteil allen Lebens. Eine atemberaubend ignorante Antwort auf die vom Menschen verursachte,

Zuwanderungswellen nach Deutschland

1880–1914: Nach der Gründung des deutschen Kaiserreichs 1871 benötigte Deutschland aufgrund des enormen wirtschaftlichen Wachstums Arbeitskräfte. Die Binnenwanderung vom Land in die Städte konnte den Bedarf an Arbeitskräften nicht decken. So kamen ab den 1880er Jahren bis kurz vor dem Ersten Weltkrieg an die 1,2 Millionen ausländische Arbeitskräfte nach Deutschland, vornehmlich aus Polen.

Ab 1918: Nach der Schaffung neuer Nationalstaaten nach dem Ende des Ersten Weltkriegs waren in Europa um die 10 Millionen Menschen auf der Flucht. Vor allem russische Migranten, die vor Revolution und Bürgerkrieg flohen, kamen nach Deutschland.

1945–1950: Im Zuge der Vertreibungen aus ehemals deutschen Gebieten in Ost-, Ostmittel- und Südosteuropa nach dem Zweiten Weltkrieg kamen knapp 12,5 Millionen Geflüchtete in die vier Besatzungszonen in Deutschland, davon zunächst gut 8 Millionen nach Westdeutschland und 4,1 Millionen in die Sowjetische Besatzungszone.

1949–1961: Von der Gründung der beiden deutschen Staaten bis zum Bau der Berliner Mauer kamen ca. 2,7 Millionen Menschen aus der DDR nach Westdeutschland.

1955–1973: Zwischen 1955 bis zum Ende des Anwerbeabkommens für »Gastarbeiter« 1973 kamen knapp 14 Millionen Menschen als Arbeitsmigranten in die Bundesrepublik Deutschland; ca. 11 Millionen davon sind nach 1973 in ihre Herkunftsländer zurückgekehrt. Die DDR warb ab den 1960er-Jahren sogenannte »Vertragsarbeiter« aus verbündeten Staaten wie Vietnam und Mosambik an; 1989 lebten knapp 100 000 ausländische Arbeitskräfte in der DDR – in der Regel stark abgeschottet von der einheimischen Bevölkerung.

1973–1985:
Der Familiennachzug bereits in Westdeutschland lebender Migranten führte zu einem weiteren Anstieg der ausländischen Bevölkerung. Die DDR gestattete ihren Vertragsarbeitern keinerlei Familiennachzug.

1990er Jahre: Nach dem Mauerfall und vor allem infolge der Jugoslawienkriege stieg die Anzahl der Asylbewerber stark an und erreichte 1992 mit 438 191 Menschen einen Höchststand. Zusätzlich kamen infolge des Zusammenbruchs der Sowjetunion viele »Russlanddeutsche« nach Deutschland. Es folgte eine stark polarisierte Asyldebatte. Wahlerfolge ausländerfeindlicher und rechtsradikaler Parteien, gewalttätige Ausschreitungen gegen Asylbewerber und die Aufweichung des Asylrechts waren die Folge.

ab 2006: Infolge der Freizügigkeit für Bürger der neuen EU-Mitglieder in Mittelosteuropa stieg die Zahl sogenannter EU-Ausländer wieder an.

2015: Wegen der gewalttätigen Konflikte in Syrien, Afghanistan und Irak und der daraus resultierenden humanitären Notlage stieg die Zahl der Zuwanderer mit dem Ziel, in Deutschland Asyl zu finden, stetig an. Während sie 2014 noch bei 220 000 Menschen gelegen hatte, erreichte sie bis Ende 2015 einen Stand von ca. 890 000.

dramatische Klimaveränderung. Und wenn überhaupt, brauche man wieder Atomkraft. Wir sagen, wir haben den Atomausstieg mit Hunderttausenden, mit einer riesengroßen Mehrheit in unserem Land durchgesetzt, weil es eine Hochrisikotechnologie ist – und wir wollen weg von den fossilen und rein in die Zeit der erneuerbaren Energien.

Anders als die Rechtspopulisten stehen wir für Empathie und für Solidarität. Und ich bin dafür, dass wir uns um Glaubwürdigkeit bemühen, indem wir auch mal sagen, wir haben nicht auf jede Frage sofort eine Antwort.

FETSUM SEBHAT:

Die Aufgabe heißt, die Türen nicht zuzumachen, keine Mauern zu bauen, keine Zäune zu bauen. Das müssten wir – und gerade die Leute im Osten – doch eigentlich schon vor einigen Jahren gelernt haben. Aber man muss es vielleicht noch mal neu erklären. Es ist jetzt wichtig, vieles zu erklären. Zu sagen, hey, passt auf, es wird jetzt vielleicht in den nächsten ein, zwei, drei Jahren nicht ganz einfach, da müssen wir alle zusammen anpacken, aber in der Zuwanderung liegt eine große Chance für unser Land. Es kommen ja nicht eine Million Abzocker, sondern es kommt Potenzial ins Land. Die Frage ist, wie wir es aufnehmen. Und dass wir nicht alles alleine schaffen können, ist doch auch klar. Aber dann lasst uns hier größer denken, dann müssen wir mit allen anderen Ländern im Dialog sein, die mithelfen können. Ja, das wird jetzt ein bisschen anstrengend, aber hey, dafür war es die letzten Jahre doch extrem gemütlich.

An den richtigen Stellen müssen wir auch mal vereinfachen, um zu erklären, worum es eigentlich gerade geht. Um die Menschen da abzuholen, wo die AfD es sowieso tut. Und ehrlich sein: So ist die Situation, es wird nicht einfach, das ist klar, das leugnen wir nicht, wir haben auch Fehler gemacht, es gab Versäumnisse. Aber wenn wir jetzt anpacken, können wir das Ziel eines menschenfreundlichen, modernen, weltoffenen Deutschland erreichen.

CLAUDIA ROTH

Da stimme ich dir voll und ganz zu: Wann, wenn nicht jetzt braucht's eine richtige Demokratie-Offensive? Ich habe wirklich Angst vor einem dramatischen Rechtsruck, und ich glaube, der ist nur zu verhindern, wenn alle demokratischen Parteien mitmachen, und dazu die Kirchen, die Gewerkschaften, die Wirtschaft, die ganze Zivilgesellschaft.

Das Gegenmodell zu dieser Gemeinsamkeit der Demokraten heißt übrigens autoritäre Gesellschaft. Ich bin besorgt, wenn demokratische Parteien da nicht klar den Unterschied herausarbeiten. Wenn du die Parolen der Rechtspopulisten übernimmst und sie sozusagen in CSU-Farben malst, werden sie ja nicht dadurch demokratisch. Und das geschieht aus lauter Angst vor Wahlen oder aus lauter Machtbesessenheit. Statt Antworten und Lösungen werden Schuldige gesucht. Das erinnert mich an die Rote-Socken-Kampagnen der 90er Jahre. Oder an Kampagnen, die gesagt haben, die Flüchtlinge nähmen uns die Arbeitsplätze und die Wohnungen weg – wobei man verschwiegen hat, dass Flüchtlinge anfangs überhaupt nicht arbeiten dürfen. Oder die schamlose Kampagne von Roland Koch gegen die doppelte Staatsbürgerschaft 1999. Nur um eine Landtagswahl zu gewinnen, wurde eine ausländerfeindliche Stimmung erzeugt. »Wo kann man hier gegen Ausländer unterschreiben?«, haben die Leute an den Ständen der CDU gefragt.

Ey, es gibt jede Menge Leute in diesem Land, die so viel tun im Ehrenamt, die zeigen, was Solidarität ist, die sagen, mir geht es nicht gut, wenn es meinem Nachbarn schlecht geht, wenn es den Geflüchteten schlecht geht. Und auch in Bayern sind viele so drauf, viele Bürgermeister, viele Landräte – auch von der CSU. Sie spielen das Spiel der Landesregierung nicht mit, die lieber entmutigt, um Stimmen von rechtsaußen zurückzuholen. Dieses Entmutigen ist verantwortungslos.

FETSUM SEBHAT:

Ich frage mich immer, wer sind diese Seehofers und Söders eigentlich? Sie kommen natürlich aus der Gedankenschule von Strauß, die sagt, rechts von der Union dürfe es keine demokratische Partei geben. Deshalb versuchen sie, das AfD-Vokabular aufzunehmen, um Leute wieder einzufangen, die schon abtrünnig geworden sind oder jetzt gerade zur AfD rennen wollen. Hier geht's nicht um die Verbesserung der Situation, sondern um den Machterhalt in Bayern. Aber ich bin felsenfest davon überzeugt, dass die Mehrheit richtig denkt und fühlt.

CLAUDIA ROTH:

Dann müssen wir aber der Mehrheit eine Stimme geben. Wir reden immer nur über die Minderheit. Und dabei haben wir so eine Chance wie noch nie. Ich habe dieses Deutschland noch nie so erlebt wie im letzten Jahr, so offen. Die Menschen haben gezeigt, was Solidarität und Herzenswärme und Hilfsbereitschaft heißt, was Ermutigung ist – während manche Politiker und Parteien eben eher entmutigt haben, als es um große Herausforderungen ging. Und die Hilfsbereitschaft ist ja längst nicht zu Ende. Woche für Woche, ja Tag für Tag sind Hunderttausende Menschen engagiert in Initiativen, in Vereinen, neben der Arbeit und auch am Wochenende. Für die meisten ist das völlig selbstverständlich. Ich muss sagen, da hat mich die deutsche Gesellschaft auch ein Stück weit überrascht. Nicht, dass ich es uns nicht zugetraut hätte – aber beglückt hat es mich dennoch. Die Hilfsbereitschaft ist wirklich riesengroß, und das schon seit Monaten. Das ist die Realität in diesem Land.

Mitmachen, Einmischen!

FETSUM SEBHAT:

Irgendwann ist bei vielen ja der Moment gekommen, an dem sie etwas tun wollen. Handeln und sich einmischen statt passiv zu sein oder Angst zu haben. Ich glaube, wenn es ans Eingemachte geht und Leute sehen, dass jemandem Unrecht geschieht oder dass ihre Lebensweise und ihre Freiheit bedroht werden von Kleingeistern, dann verstehen sie, dass dieser Staat ihre eigene Sache ist. Und sie erkennen, wie kostbar die im internationalen und historischen Vergleich ziemlich einmaligen Mitwirkungsrechte sind, die wir in Deutschland haben. Der Staat gehört seinen Bürgern und nicht den Parteien oder den Unternehmen oder der Verwaltung. Der Abgehobenheit der Parteien und der Unbeweglichkeit der Verwaltung müssen die Bürger immer wieder etwas entgegensetzen. Aber dafür muss man mitmachen und es besser machen, statt nur zu meckern.

CLAUDIA ROTH:

Ich glaube, was extrem wichtig ist in unserer Demokratie, ist die Rolle von Bewegungen. Ohne die Anti-AKW-Bewegung wäre der Atomausstieg nie im Leben so möglich gewesen. Gewerkschaften, Kirchen und Initiativen gehören genauso zur Demokratie wie das Parlament, das dann die Gesetze macht und die Kanzlerin wählt und – im Idealfall – die Regierung effektiv kontrolliert.

Der bayerische Ort Wunsiedel war jahrzehntelang ein Mekka der Alt- und Neonazis, weil da das Grab von Rudolf Heß ist.

Rudolf Heß
Rudolf Heß (1894–1987), einer der frühesten und engsten Vertrauten Hitlers, wurde im Kriegsverbrecherprozess von Nürnberg 1946 zu lebenslanger Haft verurteilt, die er bis zu seinem Tod 1987 im alliierten Kriegs-

verbrechergefängnis in Berlin-Spandau verbüßte. Nach seinem bis heute rätselhaften Flug nach England 1941, mit dem er, wohl eigenmächtig, einen Separatfrieden mit Großbritannien aushandeln wollte, hatte er in britischer Kriegsgefangenschaft gesessen. Zuvor hatte Heß, der Hitler nach Angaben von Zeitzeugen »hündisch ergeben« war, dessen Aufstieg zur Macht als Stellvertreter, Privatsekretär und fanatischer Anhänger mitorganisiert und ab 1933 intensiv an der Verfolgung und Ausgrenzung der Juden mitgearbeitet. 1987 wurde Heß im Grab seiner Eltern im oberfränkischen Wunsiedel beerdigt. Das Grab entwickelte sich zum Wallfahrtsort alter und neuer Nazis und zum Ziel jährlicher Aufmärsche, die erst 2005 verboten wurden. 2011 wurde das Grab aufgelöst.

Und da haben die Bürgerinnen und Bürger zusammen mit dem CSU-Bürgermeister gesagt: Wir wollen das nicht mehr. Die Kirchen, die Geschäftsleute, die Stadt hat gesagt, wir wollen nicht, dass Wunsiedel in der ganzen Welt immer nur mit diesem alten Nazi assoziiert wird. Und es ist gelungen, die Nazis zu vertreiben. Ich war auch x-mal bei den Gegenaktionen dabei und werde nie vergessen, wie ich mit dem CSU-Bürgermeister von Wunsiedel auf der Straße saß, für eine Sitzblockade, und er zu mir sagte: »Ja Mensch, Claudia, was mache ich denn da, jetzt sitze ich da ...«, das sagte er auf Fränkisch, »jetzt sitze ich da am Boden und da ist meine Polizei drumrum.« Da sagte ich zu ihm, das ist richtig, das ist ziviler Ungehorsam und das ist gut, wenn da ein CSUler sitzt und sagt, ich will das nicht in meiner Stadt. Also, das geht.

Ziviler Ungehorsam

Nicht alle Protestformen sind vom Gesetz gedeckt. Ziviler Ungehorsam meint den gewaltfreien Verstoß gegen staatliche Regelungen mit dem Ziel, ihre Unsinnigkeit oder Verbesserungsbedürftigkeit öffentlich zu demonstrieren. Er kann verschiedene Formen annehmen – von Blockaden und Besetzungen bis zur Verweigerung von Steuern. Von den Beteiligten (und z.T. von weiten Teilen der Bevölkerung) werden solche Gesetzesverstöße als legitim angesehen. In früheren Jahrzehnten erregten zum Beispiel die Proteste gegen den Vietnamkrieg ab 1967, der Kampf gegen Fahrpreiserhöhungen 1970 in Hannover, die häufig bürgerlich geprägten Sitzblockaden gegen die Stationierung von Nuklearwaffen, die Friedensdemonstrationen rund um das sogenannte Bombodrom in der Lüneburger Heide, die zahlreichen Hausbesetzungen vor allem in den 1970er/1980er Jahren und die Proteste gegen die Castor-Transporte nuklearer Abfälle Aufsehen – letztere beispielsweise durch das Blockieren von Bahngleisen.

Ein Beispiel für besonders mutigen zivilen Ungehorsam unter den Bedingungen eines Polizeistaats sind die Montagsdemonstrationen in vielen Städten der DDR im Jahr 1989.

Eines der jüngsten Beispiele zivilen Ungehorsams ist die Blockadeaktion zur Verhinderung der NPD-Demonstration in Dresden in den Jahren 2010 und 2011 zum Jahrestag der Bombardierung Dresdens durch die alliierte Luftwaffe (13.–15. Februar 1945). Aufgrund der zahlreichen Beteiligungen von Landtags- und Bundestagsabgeordneten bis hin zum damaligen Bundestagsvizepräsidenten Wolfgang Thierse (SPD) folgte eine Debatte über die Frage, ob gewaltfreier Widerstand moralisch legitim und vom Grundgesetz gedeckt sei. Bereits 1995 hatte das Bundesverfassungsgericht verneint, dass es sich bei einer Sitzblockade automatisch um »Gewalt« im Sinne des Nötigungsparagraphen (§ 240 Strafgesetzbuch) handelt.

Ebenso wichtig für die Demokratie ist es, dass die Bürger Gebrauch machen von ihren Beteiligungs- und Einspruchsmöglichkeiten. Nur ein klitzekleines Beispiel dafür: die Planung von Kinderspielplätzen. Die schönsten und attraktivsten, am besten angenommenen Kinderspielplätze, die ich besichtigt habe, sind mit der Beteiligung von Kindern geplant worden. Eigentlich eine naheliegende Idee, die Kinder zu fragen, wie der Spielplatz aussehen soll, sie zu Architektinnen und Architekten ihres Kinderspielplatzes zu machen. Und plötzlich sind das öffentliche Orte, die funktionieren. Natürlich darfst du nicht sagen, jetzt sollen die Kinder sich mal einen Kinderspielplatz ausdenken, und dann schmeißen wir den Plan weg, bauen den ursprünglich geplanten Langweilerspielplatz und behaupten, es gab doch Bürgerbeteiligung.

Bürgerbeteiligung heißt, die Menschen und ihre Kompetenzen ernst zu nehmen. Also keine Ausländerbeiräte oder Ortsbeiräte gründen, die dann nichts zu sagen haben, sondern die politischen Teilhaberechte tatsächlich erweitern. Natürlich muss man die Besetzung der Beiräte so organisieren, dass sie eine

Mitwirkungsmöglichkeiten der Bürger

Die Bundesrepublik ist eine repräsentative Demokratie. Laut Artikel 20 des Grundgesetzes geht »alle Staatsgewalt vom Volke aus« und wird von diesem »in Wahlen und Abstimmungen (...) ausgeübt«, aber die Bürger auf Bundesebene wählen nur die Abgeordneten selbst – und nicht die Regierung, das Staatsoberhaupt, die Richter, die Polizeichefs etc. Diese werden (direkt oder indirekt) als Repräsentanten des Volks gewählt oder ernannt. Die Abgeordneten werden zur Hälfte *direkt*, als Einzelpersonen, gewählt – die andere Hälfte zieht über die von den Parteien aufgestellten Listen entsprechend dem Zweitstimmenergebnis ins Parlament ein.

Eine direkte Mitwirkungsmöglichkeit der Bürger bei der zentralen Aufgabe des Souveräns, dem Erlassen oder Ändern von Gesetzen, sieht das Grundgesetz auf Bundesebene nicht vor. Anders als etwa in der Schweiz können Bürger also keine Gesetzesinitiativen einbringen oder Volksentscheide über Einzelfragen beantragen. Volksabstimmungen sind laut Grundgesetz lediglich bei einer Neugliederung des Bundesgebiets oder bei einer neuen Verfassung vorgesehen – wobei selbst diese Möglichkeit 1990 nicht ergriffen wurde und man auf die Hilfskonstruktion des »Beitritts« der fünf ostdeutschen Länder zum Bundesgebiet und zum Grundgesetz zurückgriff. Dass auf Bundesebene fast keine plebiszitären Elemente vorgesehen sind, hat mit den Erfahrungen der Väter und Mütter des Grundgesetzes aus der Weimarer Republik zu tun, als die Demokratie stets grundsätzlich in Frage stand und der stabilen Zustimmung einer klaren Bevölkerungsmehrheit fast nie sicher sein konnte.

In den Bundesländern und Kommunen sind direkte Formen der Bürgerbeteiligung seit einigen Jahren stärker verankert. So sind seit 2006 in allen Landesverfassungen **Volksbegehren** und Volksentscheide vorgesehen – wenn auch mit unterschiedlichen Bedingungen. Am häufigsten wurde seither in Bayern (5) eine Volksabstimmung mit vorhergehendem Volksbegehren initiiert, gefolgt von Hamburg (4), Schleswig-Holstein (2) und Sachsen (1).

Die (institutionellen) Mitwirkungsmöglichkeiten der Bürger, die nicht selbst ein öffentliches Amt anstreben, beschränken sich, was die Bundesebene angeht, auf: a) Wahlen, b) Mitarbeit in einer Partei, c) Mitwirkung in Verbänden wie Gewerkschaften, Kirchen etc. und d) das Einreichen von Petitionen.

Laut Grundgesetzartikel 21 wirken die **Parteien** »bei der politischen Willensbildung des Volkes mit«. Anders, als dieser knappe Satz vermuten lässt, sind sie faktisch das zentrale Element der Demokratie in Deutschland und deren institutionelle und organisatorische Basis. Der »vorgesehene« Weg für Bürger, direkten Einfluss auf Politikergebnisse sowie die Auswahl der Mandatsträger zu nehmen, ist die Mitgliedschaft und aktive Mitarbeit in einer bestehenden oder die Gründung einer neuen Partei.

Zivilgesellschaftliches Engagement

Das Grundgesetz sieht die Einmischung der Bürger ausdrücklich vor und gewährleistet sie – etwa das Recht, Vereine und Gesellschaften zu gründen, sich einer Gewerkschaft anzuschließen und seinen Glauben frei auszuüben, wozu auch die Mitgliedschaft in einer Kirche zählt. Solche Zusammenschlüsse von Bürgern haben Einfluss auf die Gesamtgesellschaft und auf die Willensbildung der Wähler. In einem Rechtsstaat mit freien Medien ist dieser »informelle« Einfluss auf die Politik ein starkes Instrument des Bürgerengagements.

Ein Beispiel für den starken Einfluss solcher **Interessengruppen** auf die Politik sind die Proteste gegen die »Agenda 2010«, die vor allem die Abgeordneten der SPD unter Druck setzten. Dasselbe gilt für die Massenproteste gegen Nuklearwaffen und gegen Atomkraftwerke.

Bleibt eine Bürgerbewegung unbeachtet, formiert sie sich in der Regel irgendwann zu einer Partei, wie es in der Geschichte der Bundesrepublik Deutschland dauerhaft bislang Bündnis 90/Die Grünen und der Linkspartei gelungen ist. Bei der Alternative für Deutschland (AfD) ist die Frage der Dauerhaftigkeit nach erst knapp vierjährigem Bestehen noch offen.

Eine weitere Möglichkeit zivilgesellschaftlichen Einflusses auf die Politik ist das Einreichen einer **Petition**. Hierbei wird ein Anliegen von Bürgern formuliert und an den Bundestag gerichtet. Wenn innerhalb von vier Wochen mindestens 50 000 Bürger die Petition unterschrieben haben, wird diese in der Regel vom Petitionsausschuss des Bundestages öffentlich beraten.

Die grundgesetzlich geregelte und in festen Organisationsformen stattfindende politische Beteiligung ist jedoch in die Krise geraten. Neue Lebensstile, ein Wertewandel, die Individualisierung und die schwindende Bindekraft von Großverbänden wie Parteien, Kirchen und Gewerkschaften schwächen die Beteiligung an herkömmlichen Formen politischer Partizipation; hierzu zählt auch die seit Jahren sinkende Wahlbeteiligung.

Die **modernen Formen der Bürgerbeteiligung** zielen nicht mehr zwingend auf die Parlamente, sondern versuchen ihre Ziele jenseits des institutionalisierten Politikbetriebs zu erreichen. Beispiele sind Nichtregierungsorganisationen wie Greenpeace und Amnesty International. Akteure wie Attac oder Blockupy sind demgegenüber weniger oder gar nicht organisiert. Außerdem gibt es ein immer größer werdendes Spektrum an digitalen Informationswegen wie soziale Netzwerke oder Blogs. Sie haben das Monopol der »alten« Medien in Frage gestellt, dienen als Ort des politischen Austauschs und sind somit Raum für politische Willensbildung.

Weil immer weniger Menschen dauerhaft in eine feste Organisationsstruktur eingebunden sein wollen, spielt der Projektcharakter eine immer größere Rolle. Die Proteste gegen das Bahnhofsprojekt »Stuttgart 21« und das Handelsabkommen TTIP haben gezeigt, dass sich auf diese Weise, zumindest kurzfristig und punktuell viele Bürger mobilisieren lassen. Die Aktionen dieser Bewegungen können vielfältige Gestalt annehmen: Demonstrationen, (Sitz-)Blockaden, Unterschriftenaktionen, Besetzung privater und öffentlicher Räume und vieles mehr. Ein demokratisches Gemeinwesen, dem die Beteiligung der Bürger fehlt, verliert an Legitimität. Deshalb kam es in den vergangenen Jahren zu verschiedenen **Neuerungen**. In zahlreichen Kommunen werden die Bürger in Haushaltsentscheidungen einbezogen (**Bürgerhaushalt**), können also für einen Teil des kommunalen Etats mitentscheiden, wofür er ausgegeben wird. Eine weitere Form ist die **Bürgerbeteiligung bei Infrastrukturprojekten**. Diese kann in Form vorheriger Abstimmungen bzw. Anhörungen geschehen oder durch nachträgliche Schlichtung, wenn ein bereits beschlossenes Projekt auf den Widerstand der Bürger trifft.

In den vergangenen Jahren nahmen auch **Innovationen im Wahlrecht** zu, wie beispielsweise das Panaschieren und Kumulieren, dank dessen die Bürger nicht nur eine Liste wählen können, sondern Kandidaten verschiedener Parteien mischen und ihre Stimmen auf einzelne Kandidaten »häufeln« können. Neben der kommunal schon nahezu üblichen Direktwahl des Bürgermeisters gibt es zunehmend auch die Möglichkeit seiner **Abwahl** durch die Bürger (»**recall**«) – und nicht mehr nur durch das Stadtparlament. Ein Beispiel hierfür ist der Bürgerentscheid der Duisburger zur Abwahl des Oberbürgermeisters Sauerland, den viele für die Massenpanik während der Love Parade von 2010 mitverantwortlich machten, bei der 21 Menschen ums Leben kamen.

demokratische Legitimation haben und kein Instrument für die Durchsetzung von Lobby- oder Partikularinteressen sind. Aber wenn das gegeben ist, können und müssen Verwaltungen und Kommunalparlamente auch mal auf Zuständigkeiten verzichten zugunsten der Bürgerbeiräte.

Peace by Peace

CLAUDIA ROTH:

Was ich mich oft gefragt habe: Ist Musik per se gut? Oder kann Musik auch böse sein? Als ich bei den *Scherben* war, haben wir mal in Köln ein Konzert gemacht, an der Uni. Und beim Aufbau haben wir ein Flugblatt in die Hand gekriegt von Rechtsextremen, mit dem sie unser Konzert sozusagen »beworben« haben. Die Überschrift war »Allein machen sie dich ein«. Das ist ein Titel von den *Scherben*. Da gab's eine heftige Irritation, geradezu einen Schock: Wie können die Nazis einen Titel von den *Scherben* benutzen? Das kann doch gar nicht sein!

Dieser ganze Rechtsrock, also die Bands, die Nazi-Ideologie vertreiben und auf Schulhöfen CDs verschenken, haben ja nun wirklich eine brutale Message. Und ich konnte mir eigentlich nie vorstellen, dass Rockmusik nicht per se eindeutig ist. Ich dachte immer, Rock könne nie rechtsaußen sein. Aber das ist Quatsch. Natürlich geht das.

Ja klar. Auch eine Rechtsrockband kann singen: »Macht kaputt, was euch kaputt macht«. Die rechte Szene hat oft versucht, einzelne Titel ihrem Gedankengut zuzuschreiben oder bewusst damit zu provozieren. Der Aufschwung des rechten Gedankenguts bietet ja auch Chancen, das ökonomisch für sich zu nutzen.

Außerdem ist Musik für Jugendliche immer ein Mittel des Protests und der Provokation. Und wir müssen akzeptieren, dass die Veränderung unserer Gesellschaft in Richtung links, grün, multikulturell dazu führt, dass jetzt eine ganz andere Art von Jugendlichen als zu deiner oder meiner Zeit nach Provokationsmöglichkeiten sucht – nämlich gegen ihre »links-grün-versifften« Lehrer und Eltern. Ich glaube, manche stehen aus schierer Provokation auf rechte Bands – so wie damals viele schon aus einer Protesthaltung heraus die *Scherben* gut fanden.

Als Musiker oder als Band auf einer Bühne zu stehen, wo die Menschen einen sehen und hören können, ist ja ein großes Privileg. Und wenn das Saallicht angeht, nach dem Konzert, sehe ich oft, was für verschiedene Menschen da im Saal sind, und denke: Wahnsinn, der und die … die hätten auf der Straße gar nichts miteinander zu tun. Nichts. Der da gehört wahrscheinlich eher einer gehobenen gesellschaftlichen Schicht an und sie dort einer anderen. Aber alle kommen an denselben Ort, um sich dieselbe Energie abzuholen. In ihrem Bedürfnis gehören sie also zusammen in diesem Moment.

Auch wenn ich in einer Talksendung bin und zwischendrin mal ein Lied spiele, ist die Stimmung im Raum plötzlich eine andere. Auf einmal spricht man offener und wärmer miteinander. Das heißt nicht, dass man sich in allen

Punkten einig ist – aber die Musik macht was mit den Leuten. Also hat sie eine gesellschaftliche Relevanz. Sie kann Gemeinsamkeit stiften. Und das ist ein politischer Faktor.

CLAUDIA ROTH:

Aber dass Musik noch viel direkter politisch wirken kann, hast du ja im letzten Juni gezeigt, Fetsum.

FETSUM SEBHAT:

2013 sind vor Lampedusa innerhalb einer Woche 800 Menschen ertrunken, die ja eigentlich schon angekommen waren, aber man hat sie nicht an Land geholt. Darunter waren 147 Kinder. Weil die italienische Regierung gesagt hat, wir können hier nicht die komplette Verantwortung übernehmen, und die EU hält sich raus. Und das war ja keine neue Situation, das passierte ja schon lange. Geschockt und ergriffen von dieser Humankatastrophe haben ein paar Freunde und ich, mehrheitlich eritreischstämmige Deutsche, kurzfristig einen Roundtable organisiert und besprochen, was wir tun und wie wir unser Netzwerk dafür einspannen können. Uns war nämlich allen klar: Das da, das sind wir vor 30 Jahren. Ich bin auch übers Mittelmeer gekommen. Wir sind zwar geflogen von Kairo, aber all diese Menschen sind wie ich, wie meine Familie damals, vor einer unerträglichen Situation geflohen. Ich hatte mich zu dem Zeitpunkt schon viel mit dem Fluchtweg über den Sinai beschäftigt und den ganzen Entführungen, die da stattfinden, die ganzen Foltergeschichten und Lösegelderpressungen. Das trifft ja viele Eritreer, aber auch andere Menschen.

Ich war kurz davor, den Glauben an die Welt zu verlieren. Wo leben wir, dass sowas zugelassen wird? Was müssen wir tun, damit Flüchtlinge sich nicht mehr dieser Gefahr aussetzen müssen? Und auch ihre Familien werden ja ruiniert. Wenn die Flüchtlinge im Sinai entführt werden, dann rufen die Entführer in Eritrea bei den Familien an, und fordern Lösegelder von bis zu 30 000 Dollar für die Freilassung. Währenddessen foltern sie ihre Opfer und lassen die Angehörigen die Schreie hören. Dazu muss man wissen, dass das Durchschnittsgehalt in Eritrea 500 Nakfa beträgt, was 30 Dollar im Monat entspricht.

CLAUDIA ROTH:

Das Lösegeld beträgt 30 000 Dollar?

FETSUM SEBHAT:

Mittlerweile sind's 30 000 bis 40 000, ja. Vor zwei, drei Jahren waren es noch 10 000 bis 20 000. Wer aus Eritrea flieht, ist auf dem Weg nach Europa vogelfrei. Übrigens gibt es eine einfache Antwort auf die Frage, warum aus Eritrea praktisch nur Männer zu uns kommen: Frauen werden auf der Flucht häufig entführt, vergewaltigt und versklavt. Und als dann das vor Lampedusa passierte, ist mir komplett der Kragen geplatzt und ich habe gesagt, wir können hier nicht warten, bis irgendjemand sich erbarmt, der in einer hohen Position ist und sagt hey, wir übernehmen das jetzt hier. Das muss von uns kommen. Es muss immer von Leuten kommen, die sich entweder aus Empathie, wie Bob Geldof 1985 mit *Live Aid*, engagieren, oder von Leuten, die einen direkten Bezug dazu haben, weil sie das selber mal durchgemacht haben und Glück hatten.

Leute müssen sagen: Hey, das ist die Welt, in der wir leben, wir haben Einflussmöglichkeiten, wir haben Gestaltungsmöglichkeiten, wir müssen etwas tun. Wir müssen es einfach tun. Ich bin Musiker, ich kenne Musiker, ich bin seit 13 Jahren DIY-Künstler, ich weiß also, was es heißt, für eine Sache rauszugehen. Und ich wusste, wo ich hingehen musste, um etwas in Gang zu setzen. Mit Absagen umzugehen habe ich auch gelernt. Also habe ich gesagt, okay, ich muss das Rad nicht neu erfinden, ich mache sowas wie Live-Aid. Um die größtmögliche Aufmerksamkeit für dieses Dilemma zu erregen, in dem diese Menschen stecken – Flucht unter Lebensgefahr oder bleiben unter Lebensgefahr? Ich wollte etwas tun, das in unserem Disneyland hier wahrgenommen wird. Es hat dann von Oktober 2013 bis Februar 2015 gedauert, bis wir das ganze Ding gedanklich zusammen hatten. Und dann war das Thema im Sommer auf einmal auch im Zentrum der medialen Aufmerksamkeit angekommen. Im Februar 2015 hatten wir von der UNICEF die Zusage erhalten, dass sie uns unterstützen würden. Dass sie uns helfen würden, Aufmerksamkeit zu generieren. Ende 2015 wurde UNICEF dann zum festen Charity Partner des PxP FESTIVALS. Warum UNICEF? Wir wollten eine große Organisation als Partner, die internationale Hilfsprojekte in Krisengebieten, wie Syrien, Irak, Südsudan und der Ukraine unterhält, um sicherzustellen, dass die Spenden, nach einem erfolgreichen Festival, auch da landen würden, wo sie am dringendsten benötigt werden. Ich hatte ja keinen Verein in dem Sinne und deswegen für so ein Thema auf einer größeren Ebene, wenn man auch Firmen anspricht, keine Glaubwürdigkeit. Und ich bin jetzt auch nicht Campino oder Grönemeyer oder Nena. Aber ich wollte trotzdem bekannte Bands gewinnen. Und in meinem direkten Umfeld sind Bands und Künstler wie Seeed, Max Herre, Cro, MoTrip und viele andere. Und dann hatte ich noch einen Kollegen in Los Angeles, der Aloe Blacc heißt. Und die habe ich halt angerufen und habe gesagt, Leute, das ist es und ich werde das machen. So. Seid dabei. Und die haben alle sofort zugesagt, das war im Juni, Juli 2015. Im Juli 2015 konnten wir dann das Olympiastadion reservieren.

Und ab dann habe ich alles andere stehen und liegen lassen. Erst recht dann ab November 2015, nach den Anschlägen in Paris, da ruhte mein eigentlicher Beruf, weil ich gemerkt habe: Wenn ich mich jetzt nicht komplett fokussiere, dann wird das hier nicht stattfinden. Und ab Dezember hat sich alles zurückentwickelt, das Olympiastadion ist abgesprungen. Im Januar dann, nach dieser ganzen Silvester-Geschichte in Köln, sind auch alle anderen Sponsoren abgesprungen. Tiefpunkt. Und obwohl ich echt nicht dafür bekannt bin, dass ich leicht aufgebe, dachte ich, okay, hier spielen einfach alle Energien gegen dich.

Im Nachhinein war die Verlegung des Festivals in die Berliner Waldbühne ein großer Glücksfall. Das war die absolut richtige Wahl. Ursprünglich war der Plan gewesen: zwei Drittel internationale Künstler, ein Drittel nationale Künstler. Und weil sich 2014 und 2015 in Amerika promo-mäßig ein bisschen was für mich getan hat und ich mit Leuten wie Linda Perry, Diane Warren, Justin Stanley und noch mehr Produzenten und Songwritern zusammenarbeiten durfte, habe ich denen natürlich auch davon erzählt. Und Amerikaner lassen sich für soziale Sachen zumindest mal verbal begeistern. Und so kam es, dass alle geholfen haben, Künstler und Bands anzusprechen, die sie kannten. Guy Chambers ist ja zum Beispiel der Produzent von Robbie Williams und hat ihn sofort in meinem Beisein angerufen. Zwar hab ich eine Woche später eine Absage erhalten, aber dann habe ich mit Todd Interland telefoniert, der der Manager von James Blunt war und 20 Jahre lang Elton John gemanagt hat. Der war superehrlich. Der hat gesagt: Pass auf, was Ihr vorhabt, ist großartig, und Euer Glück ist, dass 30 Jahre Live Aid nicht stattfindet, das heißt, es gibt Kapazitäten dafür. Aber Ihr müsst uns eine große mediale Reichweite garantieren. Das ist die Währung. Es war klar, wir konnten das nicht alleine wuppen. Wir brauchten Sponsoren, Support und Fürsprecher. Deshalb haben wir alle möglichen Leute getroffen, ich war sogar auf dem Jahrestreffen des Markenverbands – nie habe ich mich irgendwo mehr fehl am Platz gefühlt. Aber da konnte ich dann halt Firmeninhaber, Vorstände und Geschäftsführer kennenlernen. Leute, die halt finanzielle Möglichkeiten hatten. Und trotzdem haben dann im Januar 2016 alle Sponsoren abgesagt mit der Begründung, das Wort »Flüchtlinge« in den Medien sei toxisch, es sei gerade schwierig, die Stimmung kippe oder sei gekippt und so weiter. Ich würde ja gerne, aber ich kann nicht und so. Und dann habe ich mich mit Peter Fox und mit Max Herre getroffen und habe gesagt: Leute, ihr müsst mir helfen. Und Pierre hat sofort Arnim von den Beatsteaks und Herbert Grönemeyer angerufen. Ich habe gesagt, es ist wichtig, dass ihr zu den Leuten, die ihr anruft, einen Bezug habt, dass ihr die auch persönlich überzeugen könnt und dass ihr denen sagen könnt, diese Typen meinen's ernst. Und Max hat auch gleich Kollegen auf dem kurzen Dienstweg kontaktiert, wo's einen direkten Draht hin gab, wie Philipp Poisel, Clueso, Samy Deluxe und andere.

Dann habe ich meinen Manager, den Konrad & das Guerilla-Team, gebeten, dass sie Künstler wie Tim Bendzko und Elif fragen, ob sie mitmachen würden. Wir mussten ein Line-up hinbekommen, das einzigartig ist und das es auf einem normalen Festival so niemals geben würde. Tim Bendzko hat schließlich zugesagt – und er hat Peter Maffay angerufen. Peter Maffay hat zugesagt, Grönemeyer hat zugesagt im Februar. Und wir haben alle guten Nachrichten immer fünf, sechs Leuten/Institutionen weitergeleitet. An arte-Deutschland, an Semmel-Concerts und so weiter. Und Mitte Februar kamen dann so langsam die Partner wieder zurück. Grönemeyer, Maffay und Bendzko haben nachher leider nicht gespielt, aber dafür die Beatsteaks, Seeed, Max Herre, Joy Denalane, Cro, Zugezogen Maskulin, Namika und viele andere. Dann sind wir am 14. April in den Vorverkauf. Semmel-Concerts, die Hunderte von Events im Jahr veranstalten, meinten, wir können nicht erst sechs Wochen vorher in den Verkauf, das ist Irrsinn. Wenn wir Ende März nicht beginnen, dann geht das nicht mehr. Überzeugen war dann wieder meine Aufgabe. Und dann hatten wir nach einer Woche 9 000 Tickets verkauft und nach zwölf Tagen 16 000 Tickets und nach drei Wochen hatten wir über 20 000 Tickets und die Waldbühne war ausverkauft.

Aber es konnte ja immer noch alles Mögliche passieren, zum Beispiel mit den Sicherheitskosten. Wir haben es aber am Ende geschafft, mit allen Partnern einen Event, der unter normalen Umständen über eine Million Euro kostet, für 400 000 zu veranstalten. Die Einnahmen waren 800 000 , das heißt, wir haben 400 000 Euro an Spenden eingenommen. Der Zuspruch war großartig. Und die Sache ist bekannt geworden; das ist ja der eigentliche Erfolg, dass man über Flüchtlingskinder spricht und darüber hinaus handelt. Also: Engagement macht Sinn. Aufstehen und was machen.

Wir hätten auch scheitern können, es hätte auch nicht stattfinden können. Die Wahrscheinlichkeit, dass es scheitert, war bis eine Woche nach dem Verkaufsstart stets größer, als dass es stattfindet. Aber jetzt tragen wir das ganze Ding ein bisschen weiter, denn leider ist das Thema ja nächstes Jahr nicht vom Tisch. Und wir machen noch eine Konferenz zum Festival dazu. Wir sind auch schon am Sprechen, an welchem Ort das am besten stattfindet. Unser großes Ziel ist nämlich Empowerment, ganz im Sinne von Konfuzius:»Gib einem Mann einen Fisch und du ernährst ihn für einen Tag. Lehre einen Mann zu fischen und du ernährst ihn für sein Leben.« Von den Spendengeldern bekommt die UNICEF 50 Prozent für die Projekte, die wir in Syrien, Irak, Südsudan und der Ukraine ausgesucht haben, die andere Hälfte werden wir zusammen mit Betterplace. org an Projekte in Deutschland verteilen.

Das ist ein Anfang, das ist ein Event, und wir müssen da echt weitermachen. Ich glaube, das ist ein wichtiges Signal zum richtigen Zeitpunkt, und es braucht diese Signale, denn vielleicht gibt es Leute, die die noch größere, noch tollere Ideen haben und die wir ermutigt haben.

Und gleichzeitig ist es auch toll, dass wir jetzt hier die Möglichkeit haben, dieses Buch zu machen und das Ganze auch noch über die Musik weiterzutragen. Ich glaube, das braucht's. Es braucht Leute, die Gesicht zeigen und für was stehen. Gerade in dieser Zeit. Denn sowas wie dieses Festival brauchst du nicht, wenn sowieso alles schick ist.

Epilog

CLAUDIA ROTH:

Wenn ich darüber nachdenke, welches für mich der Sound ist, der dieses Deutschland ausmacht oder den Deutschland gerade braucht, dann fällt mir ein bestimmter Song von den *Scherben* ein, und zwar »Mein Name ist Mensch«. Den Text dazu hat Rio Reiser 1971 geschrieben. Er soll denen gewidmet sein, die sich wahnsinnig reinhängen, damit dieses Land ein humanes Land bleibt, eine offene, europäische und tolerante Gesellschaft, eine Heimat für alle.

Ich habe viele Väter,
ich habe viele Mütter
und ich habe viele Schwestern
und ich habe viele Brüder.
Meine Väter sind schwarz
und meine Mütter sind gelb,
meine Brüder sind rot
und meine Schwestern sind hell.

Ich bin über zehntausend Jahre alt
und mein Name ist Mensch.
Ich bin über zehntausend Jahre alt
und mein Name ist Mensch.
Ich lebe von Licht
und ich lebe von Luft,
ich lebe von Liebe
und ich lebe von Brot,
ich habe zwei Augen und kann alles sehen,
ich habe zwei Ohren und kann alles verstehen.
Ich bin über zehntausend Jahre alt
und mein Name ist Mensch.

Ich bin über zehntausend Jahre alt
und mein Name ist Mensch.
Wir haben einen Feind,
er nimmt uns den Tag,
er lebt von unserer Arbeit
und er lebt von unserer Kraft.
Er hat zwei Augen und er will nicht sehen,
er hat zwei Ohren und will nicht verstehen.
Er ist über zehntausend Jahre alt
und hat viele Namen,
er ist über zehntausend Jahre alt
und hat viele Namen.

Ich weiß, wir werden kämpfen
und ich weiß, wir werden siegen,
ich weiß, wir werden leben
und wir werden uns lieben.
Der Planet Erde wird uns allen gehören
und jeder wird haben, was er braucht.
Es wird keine zehntausend Jahre mehr dauern,
denn die Zeit ist reif.
Nein, es wird keine zehntausend Jahre mehr dauern,
denn die Zeit ist reif.

288 Seiten
ISBN 978-3-86489-141-0
€ 18,00
Auch als E-Book erhältlich

»In ihrem neuen Buch macht Ulrike Herrmann auch für Nichtökonomen verständlich, was gemeinhin als ›zu komplex‹ gilt. Ihre Erzählung schweift mit fast heiterem Scharfsinn und einleuchtender Konsequenz durch die letzten 250 Jahre, sie führt zu den Ökonomen Smith, Marx und Keynes – ausdrücklich keine alten Hüte, sagt Herrmann, sie lieferten die zentralen Erkenntnisse zur Interpretation der aktuellen Wirtschaftsprozesse.«

Edith Lange / titel, thesen, temperamente

64 Seiten
ISBN 978-3-86489-170-0
€ 8,00
Auch als E-Book erhältlich

Das wahre Gesicht der AfD

Das wahre Gesicht der AfD Ein dringender Appell an die
Enttäuschten und Wütenden: Vergeudet euren Protest nicht!
Gebt nicht den Flüchtlingen die Schuld für eure Probleme!
Glaubt nicht den falschen Versprechungen von einer heilen,
nationalen Welt! Stephan Hebel wirbt für eine ganz andere
Sicht der Dinge und entlarvt die AfD: Ja, die etablierte Politik
hat versagt. Aber nicht, weil sie nach Jahren der Abschottung
eine Million Menschen hereingelassen hat. Sondern weil sie sich
bis heute weigert, den Reichtum dieses Landes in Menschen
zu investieren – ob alteingesessen oder zugewandert. Ein
Denkanstoß für alle, die sich mit dem Gedanken tragen, die
AfD zu wählen. Und für alle, die Argumente suchen, um das zu
verhindern.

352 Seiten
ISBN 978-3-86489-155-7
€ 15,00
Auch als E-Book erhältlich

Realität im Thriller-Format: Dunkel-Deutschland von seiner finstersten Seite

Dem Fernseh-Journalisten »Mitch« Berger wird anonym eine DVD zugespielt, die Bilder aus dem Wohnmobil der beiden NSU-Mörder zeigt: schwer bewaffnet und kurz vor dem Eintreffen der Polizei. Wer überwacht die Killer? Und warum bekommt ausgerechnet Mitch diese brisante DVD? Zur selben Zeit plant eine konspirative Gruppe um den hochrangigen Verfassungsschützer Werner Dickmann einen Bombenabschlag auf eine Flüchtlingsunterkunft. Denn im zweiten Jahr des ungebremsten Flüchtlingszuzugs organisiert sich der Widerstand gegen die Politik der Kanzlerin. Und zwar in den Tiefen des Staatsapparates. Lüders intelligent inszenierter Thriller zur Flüchtlingskrise und den NSU-Morden ist eine Reality-Fiktion – doch die geschilderten Fahndungspannen und radikalrechten Verstrickungen von Bundeskriminalamt und Verfassungsschutz sind bittere Wirklichkeit.

» Ein ziemlich rasanter Debütthriller, …
Eine Hochgeschwindigkeitsgeschichte«
Die Welt

» Ein sehr aktueller, sehr politischer Thriller«
ZDF Morgenmagazin